KLAUS WENGST

TRADITION UND THEOLOGIE
DES BARNABASBRIEFES

ARBEITEN ZUR KIRCHENGESCHICHTE

Begründet von Karl Holl† und Hans Lietzmann†

Herausgegeben von Kurt Aland, Carl Andresen und Gerhard Müller

—————————— 42 ——————————

TRADITION UND THEOLOGIE DES BARNABASBRIEFES

VON

KLAUS WENGST

WALTER DE GRUYTER · BERLIN · NEW YORK

1971

Die auf eigenen Wunsch im Hinblick auf ihr Alter aus dem Herausgebergremium ausscheidenden Herren D. Walter Eltester und D. Hanns Rückert haben das hohe Verdienst, mit dazu beigetragen zu haben, daß die „Arbeiten zur Kirchengeschichte" nach dem zweiten Weltkrieg zu neuem Leben erstanden sind. Sie haben sich dieses Verdienst durch das Opfer von Zeit und Mühe, die sie selbstlos anderen widmeten, erworben. Ihnen bei ihrem Ausscheiden vor der wissenschaftlichen Öffentlichkeit hierfür zu danken empfinden wir als unsere Pflicht.

Herausgeber und Verlag

Gedruckt mit Unterstützung der Deutschen Forschungsgemeinschaft

ISBN 3 11 003975 3

© 1971
by Walter de Gruyter & Co., Berlin 30
Printed in Germany
Satz und Druck: Walter de Gruyter & Co., Berlin 30

Meinen Eltern

VORWORT

Diese Arbeit hat im Sommersemester 1970 der Evang.-theol. Fakultät der Rheinischen Friedrich-Wilhelms-Universität Bonn als Habilitationsschrift für das Fach Neues Testament vorgelegen. Ich wurde zu ihr durch Äußerungen von Herrn Prof. D. P. Vielhauer veranlaßt, die die seltsame Einzigartigkeit des Barnabasbriefes unter den Schriften des Urchristentums herausstellten. Die Arbeit ist der Versuch, die Ursachen der formalen und theologischen Eigenart dieses Briefes zu erkennen. Die Beschäftigung mit einer außerkanonischen Schrift bedeutet nicht, daß ich der Ansicht wäre, am Neuen Testament selbst sei schon genug gearbeitet worden; wohl aber meine ich, daß eine historische Betrachtung des Urchristentums sich nicht auf die Schriften des Neuen Testaments beschränken kann.

Die in der Arbeit verwendeten Abkürzungen entsprechen denen der RGG (Die Religion in Geschichte und Gegenwart, 3. Aufl., ed. Kurt Galling, Tübingen 1957ff.). Vollständige bibliographische Angaben finden sich im Literaturverzeichnis. Ansonsten steht nur der Name des Verfassers, bei mehreren Werken desselben Autors zusätzlich ein Substantiv des Titels.

Zu danken habe ich Herrn Prof. D. P. Vielhauer, der mich in das Manuskript des dem Barnabasbrief gewidmeten Paragraphen seiner Literaturgeschichte hat Einblick nehmen lassen. Daß ich ihm darüber hinaus vielfältige Förderung verdanke, soll hier nicht unerwähnt bleiben. Weiter gilt mein Dank Herrn Prof. Dr. Dr. H. Stegemann, der mir seine Vorarbeiten für den bei der Wissenschaftlichen Buchgesellschaft geplanten zweiten Band der Schriften des Urchristentums zur Verfügung gestellt und in vielen Gesprächen Anregungen gegeben hat. Den Herausgebern der Arbeiten zur Kirchengeschichte danke ich für die Aufnahme meiner Arbeit in diese Reihe, Herrn Prof. D. C. Andresen besonders für das Mitlesen der Korrekturen. Für Hilfe beim Korrekturenlesen sage ich ebenfalls meiner Mutter Dank. Der Deutschen Forschungsgemeinschaft danke ich für eine Druckbeihilfe, die das Erscheinen dieses Buches überhaupt erst ermöglicht hat.

Bonn, den 18. August 1971   Klaus Wengst

INHALTSVERZEICHNIS

EINLEITUNG

„Wer den Barnabasbrief untersucht, geht einen vielbetretenen Weg."
Dieser Satz — mit ihm beginnt eine Dissertation aus dem Jahre 1901[1] —
überrascht den heutigen Leser; denn in der Gegenwart steht der Barnabasbrief (= Barn) eher am Rande der Forschung, wovon ein Blick
in die bisherigen Bände der Bibliographia Patristica überzeugen kann.
Dieses relativ geringe Interesse am Barn ist wohl darin begründet, daß
er auch am Rande der theologischen und kirchlichen Entwicklung des
Urchristentums zu stehen scheint, ja sogar einen etwas abseitigen Eindruck macht. Doch was sich der Rückschau, die Entwicklungen über-
blickt, als Randexistenz darbietet, kann zu seiner Zeit eine starke
Kraft gewesen sein. Eine historische Betrachtung des Urchristentums,
der es um differenzierte Erkenntnis geht, wird deshalb keines seiner
ohnehin spärlichen Dokumente unbeachtet lassen, sondern ihr Bild
von der Geschichte des Urchristentums gerade auch von einem solchen
Zeugnis bereichern, das ohne wesentliche Wirkung auf die Folgezeit
geblieben ist.

Das Hauptziel der vorliegenden Arbeit ist die Erkenntnis der spezifischen Theologie des Barn[2]. Diesem Versuch stellt sich jedoch sofort
die Frage entgegen, ob überhaupt von einer solchen die Rede sein kann
oder ob nicht vielmehr nur verschiedene theologische Gedanken unverbunden nebeneinander vorliegen, die jeweils an bestimmte Traditionen gebunden sind, die der Verfasser aufnahm. Die Frage im zweiten
Sinn zu beantworten, legt jedenfalls die Lektüre der m. W. bisher letzten monographischen Behandlung des Barn durch P. Prigent nahe:
Prigent stellt lediglich verschiedenartige Traditionen mit je eigenen
Theologien fest, deren einer auch der Verfasser nahestehe, während
er die Frage nach einer Theologie des Briefes als ganzen nicht aufwirft.
Natürlich ist es notwendig, bevor diese Frage gestellt wird, zunächst
nach eventuell vorliegenden Traditionen zu suchen und die Stellung

---

[1] Veldhuizen 1.

[2] Es ist nicht beabsichtigt, eine umfassende Darstellung aller möglichen Probleme des
Barn zu geben; die Arbeit hat nicht den Ehrgeiz, einen — gewiß notwendigen — neuen
Kommentar zu ersetzen. Was sie aber will, ist die Herausstellung der wesentlichen
Linien der Theologie des Briefes.

des Briefschreibers zu ihnen zu erkennen. Da Prigents Arbeit in dieser Hinsicht nicht überzeugt[3] und somit auf ihren Ergebnissen nicht aufgebaut werden kann, müssen wir in einem ersten Teil erneut die Aufgabe zu lösen versuchen, welche Traditionen dem Verfasser des Barn bei der Abfassung seines Schreibens vorlagen und in welchem Verhältnis er selbst zu ihnen steht. Ist hierüber hinreichend Klarheit gewonnen, kann dann in einem zweiten Teil der Brief als ganzer in den Blick genommen und nach einer möglichen Theologie befragt werden: Reiht sein Verfasser lediglich verschiedene ihm überkommene Stücke mit verbindenden Übergängen aneinander, ohne ihnen einen inneren Zusammenhalt geben zu wollen, oder gibt es für ihn von einem bestimmten Ansatz her einen Zwang, so zu schreiben, wie er schreibt? Bevor man die erste Möglichkeit unterstellt, muß die zweite eingehend nachgeprüft sein. Es geht also nicht einfach darum, einzelne Phänomene aufzuzählen, sondern es muß vor allem der Versuch gemacht werden, nach einem Angelpunkt zu fragen, dem sich die Phänomene zuordnen. Läßt sich dieser Punkt finden — und das ist in der Tat der Fall —, so kann von ihm her das theologische Denken des Verfassers in seinen Grundzügen entwickelt und dargestellt werden.

Erst nach der Beschreibung der Theologie des Briefes werden wir uns einigen Einleitungsproblemen zuwenden, zunächst den zusammenhängenden Fragen nach Anlaß und literarischer Form. Das geschieht deshalb erst an dieser Stelle, weil es sein könnte, daß Phänomene, die man vorschnell auf das Konto eines mutmaßlichen äußeren Anlasses schrieb, vielmehr der inneren Problematik des theologischen Denkens des Verfassers selbst entspringen.

Von der Erkenntnis der Tradition und Theologie des Briefes her läßt sich m. E. auch das Problem seines historischen Ortes im Urchristentum aussichtsreicher in Angriff nehmen. Was dabei die zeitliche Ansetzung angeht, so ist ein Eingehen auf die beiden Stellen 4, 3-5 und 16, 3f unabdingbar; sie sind aber bereits so oft und in solcher Ausführlichkeit diskutiert worden, daß es kaum möglich sein wird, neue Gesichtspunkte zu finden. Daher kann es hier nur darum gehen, die bekannten, widerstreitenden Argumente erneut gegeneinander abzuwägen, wobei jedoch die Untersuchung des ersten Teils über die Tradition des Briefes sich als nützlich erweisen wird. Auf eine Lokalisierung ist oft verzichtet worden, noch öfter aber hat man mit — wie sich zeigen wird — nicht stichhaltigen Argumenten Alexandria zum

---

[3] Auf eine eigene kritische Auseinandersetzung mit Prigent kann hier verzichtet werden angesichts der ausgezeichneten Rezensionen von Stegemann und Audet.

Entstehungsort erklärt. Daher werden wir von der Theologie des Briefes her fragen, ob und wo sich in der urchristlichen Überlieferung Berührungspunkte mit solcher Prägnanz finden lassen, die es gestatten, diesem eigenartigen Schreiben seinen Ort in der Geschichte des Urchristentums zuzuweisen.

Bevor wir uns dem ersten Teil zuwenden, ist noch kurz auf drei Komplexe, die schon genügend bearbeitet sind, mehr hinzuweisen als einzugehen: handschriftliche Überlieferung, Integrität und Echtheit.

Den Text des Barn bieten vier Zeugen: der berühmte Codex Sinaiticus aus dem 4. Jh. (= S), der 1883 von Bryennios herausgegebene, nach einer Schreibernotiz 1056 geschriebene Codex Hierosolymitanus (= H), mindestens acht griechische Handschriften, die erst mit 5, 7 einsetzen und von denen der Codex Vaticanus graecus 859 aus dem 11. Jh. der Archetyp der anderen ist[4] (= V), und eine — wohl schon im 3. Jh. entstandene[5] — lateinische Übersetzung in einer einzigen Handschrift aus dem 10. Jh.[6], die die Kapitel 1—17 enthält (= L); hinzu kommen einige Zitate bei Clemens Alexandrinus[7]. Gegenüber der einseitigen Bevorzugung von S und dem damit verwandten H, wie sie neuerdings wieder Prigent verfochten hat[8], ist mit Heer der große Wert von L im „treuen Bestand", d. h. außerhalb der Bibelzitate, Kürzungen und Vereinfachungen, zu unterstreichen[9]. Da V möglicherweise mit L verwandt ist[10], darf auch V gegenüber H und S nicht unterbewertet werden. In jüngster Zeit hat R. A. Kraft ein schon 1925 herausgegebenes, aber in der wissenschaftlichen Diskussion unbeachtet gebliebenes Papyrusfragment aus dem Ende des 4. Jh.s, das Barn 9, 1-6 enthält, wieder hervorgehoben (= P)[11]. Er kommt zu folgenden Ergebnissen: P steht V am nächsten und hat daneben einige Übereinstimmungen mit L gegen alle anderen Zeugen. Das aber bestätigt einmal, worauf schon die mögliche Verwandtschaft von L und V hinwies, daß der Text von V genau so alt ist wie der von S und H, und es verbietet zum anderen, eine von L allein bezeugte Lesart a

---

[4] Nachgewiesen von Funk, Codex passim.
[5] Hierzu vgl. Heer, Versio XL—LII, und ders., Barnabasbrief 224. 234f.
[6] Vgl. Heer, Versio XIIIf.
[7] Zu den Textzeugen vgl. die Ausgabe von Gebhardt/Harnack, Patrum Apostolicorum opera I/2, Leipzig 1878², VII—XIV. XXIVf. XXVIIf. XXXI—XXXVIII; Veldhuizen 3—34; Windisch 300—302; zu L besonders Heer, Versio passim.
[8] Vgl. S. 10f seiner Arbeit.
[9] Versio LXXIV; vgl. LXVII—LXX.
[10] Zum Verhältnis der Textzeugen zueinander vgl. die Zusammenfassung von Heer, Versio LXXXIIIf.
[11] Fragment (s. Literaturverzeichnis).

1*

priori zu verwerfen[12]. Man wird also bei textkritischen Entscheidungen L und V ein ebenso großes Gewicht zugestehen müssen wie S
und H.

Die Integrität des Barn ist in neuerer Zeit m. W. nur von Barnard
angezweifelt worden[13]; und zwar hält er cc 18-21 für einen späteren
Nachtrag derselben Hand[14]. Das ist keine neue These; sie wurde in
dieser Form schon von Müller[15] und Holtzmann[16] vertreten. Die lateinische Übersetzung kann aber hierfür nicht als Beweis angeführt
werden. Denn einmal setzt sie das ταῦτα μὲν οὕτως am Ende von c 17
voraus, das nur sinnvoll ist im Zusammenhang mit dem ersten Satz
von c 18. Zum anderen bringt L den letzten Satz von 12, 7 am Schluß
von c 17, was deutlich darin motiviert ist, der Übersetzung einen klangvollen Abschluß zu geben. Beide Punkte zeigen, daß sie einen über
c 17 hinausgehenden griechischen Barn voraussetzt und also kein
Zeuge für einen ursprünglich kürzeren Brief ist[17]. Wir gehen also
davon aus, daß der Brief von Anfang an cc 1-21 umfaßte.

Der Verfasser des Briefes nennt sich selbst nicht. Doch schon Clemens Alexandrinus, sein erster Zeuge, schreibt ihn dem Paulusbegleiter
Barnabas zu. Seine Echtheit aber — falls unter diesen Umständen
überhaupt von einer solchen geredet werden kann — ist in den letzten
80 Jahren in der wissenschaftlichen Diskussion so gut wie gar nicht
mehr vertreten worden[18]. Gegen sie sei hier nur ein — allerdings gewichtiger — Grund angeführt: Der Mann, der sich so verhielt, wie es
Paulus Gal 2, 12 f beschreibt, kann nicht derselbe sein, der als Verfasser des Barn das jüdische Ritualgesetz in radikaler Weise verwirft.
Daß dieser zufällig auch Barnabas hieß, ohne jedoch der Paulusbegleiter zu sein[19], ist eine nichtssagende Auskunft. Der Einfachheit halber
werden wir aber im folgenden den Briefschreiber Barnabas nennen,
ohne damit den Paulusbegleiter oder eine andere Person dieses Namens
zu meinen.

---

[12] Fragment 157. Kraft folgert schließlich noch, die Sonderlesarten von P und Clemens
Alexandrinus zeigten, daß es eine viel größere Variantenbreite gab, als uns heute zur
Verfügung steht.
[13] Zu den älteren Interpolationshypothesen vgl. die Vorbemerkungen zu Teil A.
[14] Problem 214 f; ähnlich Goodspeed 231. 235.
[15] 347.
[16] 160 f.
[17] Muilenburg 15 f und vor ihm schon Hefele 197—199; Veldhuizen 94.
[18] Soweit ich sehe, hält in neuerer Zeit nur Thieme, Kirche 27 mit Anm. 4 auf S. 225,
es nicht für unmöglich, daß der Paulusbegleiter Barnabas Verfasser des Briefes ist.
Über die letzten „harten" Verfechter der „Echtheit" vgl. Funk, Barnabasbrief 3—15.
[19] So Kleist 33.

A. DIE TRADITION DES BARNABASBRIEFES

I. Vorbemerkungen

Die teilweise sehr eigenartige, wirr und gebrochen erscheinende Gedankenführung des Barn versuchte man früher einige Male mit Interpolationshypothesen zu erklären. Aber diese Versuche, auf literarkritischem Weg einen Ur-Barn zu rekonstruieren, der dann spätere Zusätze erfuhr, sind mit Recht allgemein zurückgewiesen worden.

Den ersten Versuch dieser Art unternahm 1837 D. Schenkel, während vorher von Vossius und Clericus nur diesbezügliche Vermutungen ausgesprochen wurden, worauf Schenkel S. 656 A.a hinweist. Ihm folgte 1875 K. Heydecke; und das Jahr 1888 zeigte gleich zwei Interpolationshypothesen, nämlich die von D. Völter und von J. Weiß. 1904 nahm Völter seine erste Hypothese zurück und ersetzte sie durch eine neue. Es lohnt nicht, auf diese Arbeiten im einzelnen einzugehen. Über die bei Windisch 409 angegebene kritische Literatur hinaus sei noch auf die Rezensionen von Adolf Hilgenfeld, ZWTh 32, 1889, 248—255; Adolf Link, ThLZ 14, 1889, 595—599; Rudolf Knopf, ThLZ 30, 1905, 72—75 hingewiesen. Generell lassen sich neben der sprachlichen Einheit des ganzen Briefes noch zwei weitere Punkte gegen jede Interpolationshypothese anführen: Wie immer man auch scheidet, die eine Hand läßt sich sachlich nur durch gewaltsame Interpretation von der anderen abheben. Sodann sind die Überleitungen zwischen den einzelnen Themen den ganzen Brief hindurch von gleicher Art und beweisen so seine ursprüngliche Einheitlichkeit. — Ein forschungsgeschichtlich verspätetes und besonders unglückliches Unternehmen ist die m. W. letzte Interpolationshypothese, die 1921 von G. Schläger vorgelegt wurde. Er gewinnt seine Scheidung in eine jüdische Grundschrift und einen christlichen Hauptteil mit Hilfe einer höchst fragwürdigen Vokabelstatistik, die zu keinen widerspruchsfreien Ergebnissen kommt und nur willkürlich genannt werden kann. Man braucht nur durchzulesen, was Schläger als jüdische Grundschrift eruiert (1, 1-5. 7f; 2, 1-4 bis λέγων ὅτε μέν; 2, 9a. 10b; 4, 1-3 bis λέγει; 4, 6 von ἐρωτῶ bis ἁμαρτίαις ὑμῶν; 4, 9-13; 5, 3f; 17), um zu bemerken, daß es sich hierbei um ein Phantom handelt.

Sind somit die Interpolationshypothesen als gescheitert anzusehen, so ist doch nachdrücklich zu betonen, daß die Beobachtungen, die sie veranlaßten (Unterbrechungen des Zusammenhangs, eingestreut erscheinende Stücke, kurze, vom Kontext her unmotivierte Bemerkungen, offensichtliche Erweiterungen und Zusätze), nicht einfach ignoriert werden dürfen, sondern erklärt werden müssen[1]. Ein bloßer Hin-

---

[1] So schreibt Völter zu Beginn seines zweiten Anlaufes: „Klarer und verständlicher ist ja der Brief durch das Unglück der bisher angestellten Teilungsversuche nicht

weis auf die schriftstellerische Unbegabtheit des Barnabas[2] — so richtig er auch sein mag — reicht dazu schwerlich aus. Jene Beobachtungen lassen vielmehr die Möglichkeit ins Auge fassen, daß Barnabas Traditionsstücke benutzt, die er nicht in einen straffen Gedankengang hinein um- und durchgebildet hat. In dieser Unterlassung läge dann — wenn man so will — sein schriftstellerisches Unvermögen.

Liegt das letzte Unternehmen einer Interpolationshypothese jetzt schon 50 Jahre zurück, so hat es in jüngerer Zeit nicht an Versuchen gefehlt, die undurchsichtig erscheinende Gedankenfolge des Barn dadurch verständlich zu machen, daß man ein ihm zugrunde liegendes Schema erkennen wollte, nach dem der Brief gegliedert sei. Solche Versuche haben Schille, Barnard und Baltzer angestellt; geglückt wird man aber keinen von ihnen nennen können.

In seinem 1958 erschienenen Aufsatz „Zur urchristlichen Tauflehre. Stilistische Beobachtungen am Barnabasbrief" will G. Schille den Nachweis führen, der vorgetragene Stoff des Barn folge einem katechetischen Schema, das dem von Hebr 6 nahe verwandt sei (33—35). Aber dieser Nachweis ist gründlich mißlungen: In cc 2—9 kann man „Buße von toten Werken" nur an wenigen Stellen finden; in c 10 ist von „Glaube zu Gott" keine Rede, sondern es stehen Warnungen und Gebote wie auch schon in Teilen der vorangehenden Kapitel; cc 11 f sind kaum als „Tauch-Lehre" zu charakterisieren, und hinter cc 12 (sic)—16 kann man nur mit sehr viel Phantasie eine „Geistmitteilungs-Lehre" finden; und wie soll man es verstehen, daß derselbe Stoff (4, 6-8; 14, 1-5) einmal der „Buße von toten Werken" und das andere Mal der „Geistmitteilungs-Lehre" zugerechnet wird?

Noch gewaltsamer ist das Unterfangen von K. Baltzer aus dem Jahr 1960, der hinter dem Barn das Bundesformular mit Vorgeschichte (cc [2—4] 5—17), Grundsatzerklärung (19, 2) mit Einzelgeboten, Segen und Fluch (21, 1-3) erkennen will (128—131). Abgesehen davon, daß die Proportionen sehr verschoben erscheinen, kann man hinter cc 2—17 eine „Vorgeschichte" im Sinne Baltzers nur finden, wenn man atomistisch einzelne Topoi aus ihrem Zusammenhang herausreißt und konsequent übersieht, was die Intention des Barnabas selbst ist. Es ist offensichtlich, daß hier eine anderswo gemachte Entdeckung auf ein untaugliches Objekt übertragen wurde.

Die schon 1926 von Muilenburg (50—53) und ihm folgend 1938 von Vokes (42) aufgestellte These, der Barn sei ein Talmud (= διδαχή) aus Haggada (cc 1—17) und Halacha (cc 18—20), ist in neuerer Zeit auch von L. W. Barnard (Judaism 47 f) vertreten worden. Daß der ganze Brief im technisch-literarischen Sinn als Talmud zu verstehen sei, kann jedoch der Hinweis auf 9, 9; 16, 9 und 18, 1, wo das Wort διδαχή begegnet, nicht tragen. Damit ist auch die Anlage des Briefes

---

geworden. Die in dem Briefe selbst liegende Aufforderung, die zu jenen Hypothesen Anlaß gegeben, besteht vielmehr auch heute noch ungeschwächt fort" (Väter 335). Die Folgerung zeigt jedoch die Befangenheit einer Zeit, die die Möglichkeiten der Literarkritik überschätzte.

[2] So etwa Bardenhewer 106; Schmid 1213.

im einzelnen noch nicht geklärt. So stellt Barnard in seinem Aufsatz „The Epistle of Barnabas and the Tannaitic Catechism" an die Stelle der eben genannten Hypothese die sehr viel weitergehende, daß hinter dem Barn Ordnung und Substanz des tannaitischen Katechismus wiederzufinden seien. Über die nach Daube gegebene Rekonstruktion dieses Katechismus sei hier nicht gestritten, es soll nur die Evidenz der von Barnard für den Barn gemachten Folgerungen nachgeprüft werden. Den ersten der fünf Teile des tannaitischen Katechismus, „die Prüfung", will Barnard in cc 1—4 wiederfinden. Abgesehen davon, daß diese Abgrenzung willkürlich erscheint, da Barnabas selbst keinen Einschnitt nach c 4 macht, wohl aber c 1 als Einleitungskapitel von cc 2 f abgehoben ist, sind die sechs Verse, die die These in diesem Punkt belegen sollen (4, 9; 1, 8; 2, 1. 10; 4, 1. 2), einmal nicht gerade viel und andererseits aus ihrem Kontext herausgerissen. Daß im zweiten Teil, „die Gebote", der cc 5—16 umfassen soll, das Leiden Christi deshalb behandelt wird, weil im tannaitischen Katechismus an dieser Stelle — wie schon im ersten Teil — wieder vom Leiden Israels, dessen Stelle Christus einnehme, die Rede gewesen sei, läßt den konkreten Kontext wieder aus dem Blick. Unter dieser Voraussetzung muß auch die Streuung des Themas auf die cc 5. 7. 8. 12 als seltsam erscheinen. Wenn weiter 14, 1-4 in den zweiten Teil gehören soll, stellt sich sofort die Frage, warum dann die genaue Parallele 4, 6-8 im ersten steht, und wenn Beschneidung, Opfer, Sabbat als für den zweiten charakteristisch gelten, wie steht es dann mit Opfer und Fasten in cc 2 f, die Barnard dem ersten zuschreibt? Dem dritten Teil, „Mildtätigkeit", rechnet Barnard cc 18—20 zu, wo sich allerdings die von ihm aufgezählten Hauptpunkte des tannaitischen Katechismus dieses Teiles nicht finden; die wenigen Stellen, die er aus cc 18—20 heranzuziehen vermag, stehen neben vielen anderen und können deshalb seine These nicht erhärten. Was den vierten Teil, „die Strafen", angeht, so stellt auch Barnard zunächst sein Fehlen fest, meint dann aber doch, daß Barnabas mit den „Warnungen" in c 10 dem „tannaitischen Thema" folge. Wieso aber die Verbote in c 10 anders eingestuft werden als die Verbote in c 20, das Barnard zum dritten Teil stellt, bleibt ungeklärt. Wenn Barnabas dem Aufriß des tannaitischen Katechismus folgt, weshalb stellt er dann zum vierten Teil Gehöriges mitten in den zweiten hinein? Daß Paränese mit dem Hinweis auf Parusie und Gericht begründet wird, ist so verbreitet, daß eine spezielle Abhängigkeit des 21. Kapitels vom fünften Teil des tannaitischen Katechismus, „Vergeltung und kommende Welt", nicht sicher begründet werden kann. Damit muß der Versuch, den Aufbau des Barn vom tannaitischen Katechismus her zu erklären, als nicht gelungen betrachtet werden.

Auf ein weiteres, schon älteres, verfehltes Unternehmen dieser Art sei nur eben noch hingewiesen: Wehofer 56—79 (1901), der die Komposition des Barn durch semitische Kunstprosa zu erklären sucht und dabei ebenso gewaltsam wie formalistisch vorgeht.

Der Mißerfolg auch dieser Versuche läßt wieder nach der anderen Erklärungsmöglichkeit fragen, ob Barnabas einzelne Traditionsstücke verarbeitet hat. An Muilenburgs Aufteilung in Haggada und Halacha ist jedenfalls so viel richtig, daß c 17 einen Einschnitt bildet: Mit diesem Kapitel und dem ersten Satz von c 18 zerlegt Barnabas selbst deutlich sein Schreiben in zwei Teile. Er hofft, im Vorangehenden, womit er nun abschließt, nichts Wichtiges ausgelassen zu haben, und will jetzt zu etwas anderem übergehen (ταῦτα μὲν οὕτως· μεταβῶμεν δέ ...). Ebenso klar heben sich c I als Einleitung und c 21 als Schluß vom übrigen Brief ab. Da diese drei Kapitel somit den Rahmen bilden, in den Barnabas das ganze Schreiben einspannt, darf man annehmen, daß er hier sicher selbständig formuliert. Damit bietet sich die Möglichkeit an, mit Hilfe dieser Kapitel einen ersten Einstieg in die Erkenntnis der Eigenart des Barnabas und damit Orientierungshilfen für die Scheidung von Redaktion und Tradition in den übrigen Kapiteln zu gewinnen[3]. Sind also cc I. 17. 21 der Rahmen des Briefes, so bilden andererseits cc 2—16 und cc 18—20 die beiden ungleichen Hauptteile, die daraufhin befragt werden können, ob und welche Traditionen in ihnen verwendet worden sind. Dabei ist für die Untersuchung von cc 18-20 die Parallele Did 1—5 von größter Bedeutung; hier wird die Diskussion über das Verhältnis beider Stücke zueinander aufgenommen werden müssen. Da der erste Hauptteil, cc 2—16, zu einem guten Teil aus alttestamentlichen Zitaten besteht, ist er oft für das Problem der „Testimonien" ausgewertet worden[4]; und hierauf beschränkt sich auch das schon erwähnte Buch von P. Prigent[5]. Obwohl Prigents Versuch als gescheitert angesehen werden muß[6], ist damit natürlich nicht die Möglichkeit ausgeschlossen, daß Barnabas wirklich „Testimonien" gebraucht hat. Aber man darf nicht von vornherein die Fragestellung nur auf sie verengen, wenn man wissen will, was Barnabas bei Abfassung seines Briefes bereits als fertige Größe vorlag. Eine umfassendere und daher auch angemessenere Fragestellung hat schon Bousset in seinem 1915 erschienenen und dem „Schulbetrieb" gewidmeten Buch herausgestellt, in dem er auch kurz auf den Barn eingeht[7]: Er faßt die Möglichkeit ins Auge, daß dem Brief einzelne Stücke zugrunde liegen, die so als Lehrvorträge für sich bestanden haben könnten[8]. Barnabas hätte dann also „Schulgut" empfangen, das schon eine längere Entwicklung hinter sich und das er selbst bereits oft vorgetra-

---

[3] Vgl. Stegemann 150. 152.

[4] Weithin unter dieser Fragestellung steht auch der in vieler Hinsicht sehr nützliche Kommentar von Windisch. Er hält es für „das sicherste Endergebnis ..., daß der Vf. zweierlei Vorlagen benutzte: Testimonienstoff (T) und Didachestoff (D)" (410). Doch vermag er das Vorliegen einzelner „Testimonien" in dem von ihm angenommenen Umfang nicht hinreichend evident zu machen, und daß diese „Testimonien" eine einzige Sammlung bildeten, bleibt Postulat.

[5] Einen — einigen Autoren allerdings kaum gerecht werdenden — forschungsgeschichtlichen Überblick bietet Prigent 16—26. Zur Testimonienfrage vgl. auch Fitzmyer 514—526 und die sehr kritische Stellungnahme von Rese 217—223.

[6] Vgl. o. S. 1 f mit Anm. 3 der Einleitung.

[7] Schulbetrieb 312f.

[8] 313 mit Anm. 1.

gen, bearbeitet, erweitert und auch vermehrt haben kann. Das bedeutet für die Analyse, daß sie bei der Feststellung von Eigentümlichkeiten des Barnabas nicht ohne weiteres schließen darf, es lägen dann speziell für diesen Brief gemachte Ad-hoc-Bildungen vor; sie muß vielmehr damit rechnen, daß auch Stücke und Sätze, die sich als Eigentum des Barnabas erweisen, ihm bei Abfassung des Briefes schon als fertige Größen vorlagen[9]. Diese Fragestellung Boussets hat Stegemann wieder mit Nachdruck hervorgehoben und empfohlen, ihr mit den heute zur Verfügung stehenden Mitteln nachzugehen[10]. Das soll in dieser Arbeit geschehen.

Läßt man sich darauf ein, so ergeben sich für die Analyse — nachdem man den Rahmen untersucht hat — folgende Fragen: Heben sich Stellen aus den Kapiteln 2—16 heraus, die deutlich Ad-hoc-Bildungen sind? Zeigen sich klar abgegrenzte Einheiten, die als solche auch ohne ihren jetzigen Kontext und ohne den brieflichen Rahmen bestanden haben können? Sind Erweiterungen und Zusätze festzustellen, die nicht von Barnabas selbst stammen? Lassen sich andererseits Eingriffe nachweisen, die seine Hand verraten, ohne doch den Eindruck von Ad-hoc-Bildungen zu machen? Wenn herausgearbeitet worden ist, was Barnabas bei Abfassung seines Briefes als fertige Größe vorlag, muß anschließend nach Art und Charakter dieses Traditionsgutes gefragt werden. Wie es mit dem Testimonienproblem bei Barnabas bestellt ist, wird sich dabei zeigen müssen.

II. Der Rahmen (Untersuchung der cc 1, 17 und 21)

Nach dem knappen Präskript (1, 1) und nachdem er dem geistlichen Stand der Leser großes Lob gezollt hat (vv 2-4), begründet Barnabas die Abfassung seines Briefes damit, daß er viel weiß (v 4) und daß es ihm Gewinn einbringen wird, „solchen Geistern"[11] zu dienen (v 5). Diesen Dienst beschreibt er näherhin so, daß er ihnen etwas davon mitteilen will, was er selbst empfangen hat: μέρος τι μεταδοῦναι ἀφ' οὗ ἔλαβον (v 5). Das scheint mir kaum anders verstanden werden zu können, als daß Barnabas beansprucht, seinen Lesern in diesem Schrei-

---

[9] Schulbetrieb 313.

[10] 150f. Ohne auf Bousset zu rekurrieren, hat ähnlich Audet die Vermutung geäußert, Barnabas habe sein Stück vor der schriftlichen Niederlegung mehrfach ganz oder teilweise vorgetragen (388).

[11] Die Bezeichnung von Personen als πνεύματα (auch in v 2) ist singulär; vgl. Windisch 303.

ben einen Teil der ihm überkommenen Tradition zur Kenntnis zu bringen[12], so daß die Worte λαμβάνειν und μεταδοῦναι den technischen Sinn
von Traditionsempfang und -weitergabe haben[13]. Indem so Barnabas
selbst ausdrücklich ankündigt, Tradition zu bringen, ist die Fragestellung des ersten Teils dieser Arbeit gerechtfertigt: Man darf mit
gutem Grund erwarten, daß er in seinem Brief Tradition verwendet.

Ebenfalls in v 5 gibt Barnabas den Zweck seines Schreibens an:
ἵνα μετὰ τῆς πίστεως ὑμῶν τελείαν ἔχητε τὴν γνῶσιν. Es geht ihm also
um Mitteilung „vollkommener Erkenntnis", deren er seine Leser noch
für bedürftig hält, während er den Glauben als gegebene Größe voraussetzt. Hieraus ergibt sich zumindest soviel, daß der Glaube bei
Barnabas keine zentrale Stellung einnimmt; er ist nur Vorstufe, auf
die die Gnosis folgen muß. Was aber versteht Barnabas unter Gnosis?
Darüber können die beiden folgenden Verse einen ersten Aufschluß
geben, die mit οὖν und γάρ angeschlossen sind, also wohl erläutern
sollen.

V 6 beginnt mit der Feststellung, daß es „drei δόγματα des Herrn"[14]
gibt. δόγμα ist der allgemeinsten Bedeutung nach zunächst eine Weisung; als Weisung Gottes aber hat es grundsätzliche Bedeutung und
kann deshalb auch „Grundsatz" oder „Leitsatz" sein. Diesen Sinn
erfordert jedenfalls das Folgende, in dem die drei Dogmata aufgezählt
werden[15]. Es fällt auf, daß der Glaube in dieser Trias kein eigenstän-

---

[12] Eine andere Erklärungsmöglichkeit gibt Knopf, der in bezug auf diese Stelle schreibt:
„Selbstverständlich hat er seine Gabe vom Geiste empfangen, und auch seine Schriftstellerei ist eine pneumatische" (Zeitalter 403; vgl. auch Flesseman—van Leer 52).
Doch von einer „Gabe" ist hier — anders als in 9, 9 — nicht die Rede. Das Zusam-
menstehen der Worte μεταδιδόναι und λαμβάνειν läßt das angegebene Verständnis
als das nächstliegende erscheinen. Damit ist natürlich nicht ausgeschlossen, daß
Barnabas seine Schriftstellerei — auch wenn er Tradition weitergibt — als „pneumatische" versteht.

[13] Vgl. Isokrates, Panegyricus 29, wo es von Athen heißt, daß es die von Demeter er-
haltenen Früchte und die Weihe οὐκ ἐφθόνησε τοῖς ἄλλοις, ἀλλ' ὧν ἔλαβεν ἅπασι
μετέδωκεν, und die von Norden 290—292 angeführten Stellen.

[14] Es ist oft nicht zu entscheiden, ob Barnabas mit κύριος Gott oder Jesus meint. In
v 7 gebraucht er das Wort δεσπότης, das an der einzigen anderen Stelle, an der es
begegnet (4, 3), auf Gott bezogen ist. Diesen Bezug wird man dann auch in 1, 7 annehmen; und da nichts dazu zwingt, den δεσπότης in v 7 vom κύριος in v 6 zu unter-
scheiden, dürfte dieser κύριος auch Gott sein. — Zu κύριος im Barn vgl. Bousset,
Kyrios 223f, der dieses Wort aber wohl zu oft auf Jesus bezieht.

[15] Der Text ist an dieser Stelle recht uneinheitlich überliefert. L bietet eine offensichtliche Verkürzung und kommt so nur für den Anfang in Betracht, wo die Übersetzung
den Genitiv ζωῆς von H gegenüber dem Nominativ bei S stützt. Die Vorwegnahme
von πίστις bei S, wodurch die Reihe ζωή, πίστις, ἐλπίς gewonnen wird, dürfte gegenüber H sekundär sein. Im zweiten Glied haben H und S keine Varianten. Im dritten

diges Glied bildet, sondern lediglich im ersten Grundsatz unter dem bestimmenden Horizont der Hoffnung erscheint: „Hoffnung auf (ewiges) Leben ist Anfang und Ende (= Ziel) unseres Glaubens". Dieses Verhältnis von Glaube und Hoffnung zeigt sich schon vorher am Ende von v 4, wonach der Glaube — neben der Liebe — geradezu in der „Hoffnung auf sein Leben" begründet ist. Worin aber dann die Hoffnung ihren Grund hat, danach wird das Folgende zu befragen sein.

Der zweite Grundsatz lautet: „Und Gerechtigkeit ist Anfang und Ende des Gerichts". δικαιοσύνη als Maßstab des Gerichts ist einmal die Unbestechlichkeit Gottes als des eschatologischen Richters und zum anderen entsprechend die Rechtschaffenheit, nach der beim zu Richtenden gefragt wird. Diesem Gebrauch von δικαιοσύνη, der zum paulinischen Verständnis des Begriffes keine Beziehung hat, entspricht die Wendung vom „Weg der Gerechtigkeit" (v 4), den Barnabas begangen zu haben meint.

Als dritten Grundsatz gibt er an: „Fröhliche und freudige Liebe ist Zeugnis gerechter Werke". Indem die Liebe als μαρτυρία bestimmt wird, erhält sie einen Bezug auf das eschatologische Gericht, ja sie wird damit sogar von diesem her motiviert. Das kommt mit v 4 überein, nach dem die Liebe mit dem Glauben in der Hoffnung begründet ist. Zu dem vorher beschriebenen Gebrauch von δικαιοσύνη paßt auch die im dritten Grundsatz stehende Wendung ἔργαι ἐν δικαιοσύναις.

Versuchen wir nun, alle drei Grundsätze knapp und ihrem inneren Zusammenhang nach wiederzugeben, so ergibt sich: Grund und Ziel des Glaubens ist die Hoffnung auf das ewige Leben; über die Teilhabe an diesem Leben entscheidet das Gericht, dessen Maßstab die Gerechtigkeit sein wird; Zeugnis für die Rechtschaffenheit, die sich in gerechten Werken manifestiert und nach der im Gericht gefragt werden wird, ist die Liebe. Damit läßt sich die oben gestellte Frage nach dem Grund der Hoffnung so beantworten, daß er in der eigenen Rechtschaffenheit

---

ist gegenüber dem Nominativ εὐφροσύνη von S der Genitiv bei H wiederum vorzuziehen. Die in den Ausgaben aufgenommene Konjektur δικαιοσύνης von Bryennios statt des im Zusammenhang unverständlichen Nominativs bei H ist bestechend. Aber da die Lesart ἐν δικαιοσύναις von S denselben guten Sinn ergibt, ist ihr gegenüber der Konjektur der Vorzug zu geben. — V 6 ist verschiedentlich als Glosse angesehen worden (Völter, Väter 340; Veil, Handbuch 210), aber er fällt weder stilistisch noch sachlich aus dem ersten Kapitel heraus, sondern zeigt im Gegenteil deutlich die Hand des Barnabas, wie sich noch herausstellen wird. — Zu der in v 6 gebrachten Trias können einige Parallelen herangezogen werden (vgl. Windisch 306). Daher wird man zwar sagen können, daß Barnabas traditionelle Elemente aufnimmt, aber nicht, daß er hier eine Formel zitiert; dem steht die besondere Eigenart seiner Reihe entgegen, die für eine Formel auch zu wenig durchstilisiert ist.

liegt. Auf sie, die die Teilhabe am ewigen Leben verbürgt, laufen also die drei Grundsätze hinaus, so daß Barnabas hier Gesetzlichkeit als seine theologische Grundhaltung andeutet.

Wenn nun v 6 die in v 5 genannte vollkommene Gnosis, deren Mitteilung Absicht des Briefes ist, erläutern soll, dann ist diese Gnosis ethisch akzentuiert, dann besteht sie in der Erkenntnis dessen, was zu tun ist. Das Aufeinanderbezogensein von Wissen und Tun kann nach v 4 nicht mehr überraschen; denn dort hatte Barnabas behauptet, viel zu wissen, „*weil* mich der Herr auf dem Weg der Gerechtigkeit begleitet hat".

Haben also die drei Grundsätze von v 6 deutlich gemacht, um was es der Gnosis geht, so sagt v 7, wo sie sich betätigt: Ihr Arbeitsfeld sind „die Propheten", da Gott durch sie den Christen das Vergangene und Gegenwärtige kundgetan und ihnen auch einen Vorgeschmack des Künftigen gegeben hat. Dieser „Vorgeschmack des Künftigen" ist aber nicht mit den paulinischen Begriffen ἀρραβών (2 Kor 1, 22; 5, 5) und ἀπαρχή (Röm 8, 23) zu verwechseln. Wie der folgende Satz zeigt, ist damit die Verwirklichung eschatologischer oder voreschatologischer Zeichen gemeint, woraus Barnabas sogleich die Forderung nach Fortschritten in der Gottesfurcht ableitet.

V 8 schließt die Einleitung des Briefes mit der Bemerkung ab, daß Barnabas „nicht wie ein Lehrer, sondern wie einer von euch" zur Freude seiner Leser schreiben will. Gerade die Betonung, „nicht wie ein Lehrer" schreiben zu wollen, legt es nahe, in Barnabas einen Lehrer zu sehen; denn sonst wäre es kaum zu erklären, was ihn zu dieser Bemerkung veranlaßt haben könnte[16]. War aber Barnabas ein Lehrer, so erhält die in den Vorbemerkungen genannte Vermutung Boussets, daß es sich bei der Tradition des Barn speziell um „Schulgut" handelt, einen nicht unerheblichen Anhaltspunkt.

Nach c 1 gehen wir nun über zu c 17, das sich ebenso deutlich als Rahmenarbeit des Barnabas heraushebt. V 1 schließt den ersten Teil des Briefes ab; Barnabas hofft, nichts zum Heil Notwendiges übergangen zu haben. Das aber heißt umgekehrt, daß er die von ihm vermittelte Gnosis für heilsnotwendig hält, was sie auch sein muß, wenn es sich bei ihr — wie 1, 6 zeigte — um ethische Erkenntnis handelt und die Rechtschaffenheit des Menschen das ist, worauf es entscheidend ankommt. Wenn Barnabas in v 2 sagt, nicht über Gegenwärtiges

---

[16] Vgl. Knopf, Zeitalter 405: „Der Verfasser von Barn lässt durch seine Bescheidenheitsfloskeln deutlich den stolzen Anspruch durchschimmern, ein Lehrer zu sein."

und Zukünftiges schreiben zu wollen, weil es nur in Sinnbildern (παρα-βολαί) vorliege und seine Leser es also nicht verständen, so widerspricht er damit dem, was er im Vorangehenden tatsächlich getan hat. Man wird in diesem Satz wohl lediglich eine Redensart sehen dürfen, mit der Barnabas nicht mehr sagen will, als daß er noch mehr weiß[17]; so hatte er ja auch in 1, 5 angekündigt, nur einen Teil von dem zu bringen, was er empfangen hat.

Mit c 17 gehört der erste Satz von c 18 eng zusammen, mit dem Barnabas die Zwei-Wege-Lehre als Übergang ,,zu einer anderen Erkenntnis und Lehre" ankündigt. Damit steht auch der zweite Teil des Briefes unter dem Oberbegriff Gnosis. Seine Einheit — soviel darf vorläufig vermutet werden — erhält dieser Gnosisbegriff durch die ethische Orientierung; die Gnosis des zweiten Teiles ist dann also nur formal eine andere[18].

Mit dem Anfang von c 21 schließt Barnabas die Zwei-Wege-Lehre ab, indem er deren Beachtung unter Hinweis auf ewige Verherrlichung und Vernichtung einschärft. Die Auferstehung steht hier ganz im Horizont der Vergeltung: Im jüngsten Gericht wird jeder nach dem beurteilt, was er getan hat. Dessen Nähe veranlaßt Barnabas, noch einige Ermahnungen einzustreuen. Von Interesse ist v 5, der eine Reihe von Tugenden aufzählt, die Gott den Lesern geben möge. Die vier zuerst genannten, intellektuellen, gipfeln in der ,,Erkenntnis seiner Rechtsforderungen". Damit wird, was im Vorangehenden über den Gnosisbegriff des Barnabas gesagt wurde, bestätigt: Diese Gnosis ist ethisch orientiert; es geht ihr um die Erkenntnis dessen, was zu tun ist. Die in v 5 abschließend genannte ὑπομονή meint dann die praktische Bewährung dieser Erkenntnis. In der Aufforderung von v 6, das zu erforschen, ,,was der Herr von euch verlangt" — das ist eine Umschreibung der ,,Erkenntnis seiner Rechtsforderungen" —, darf man wohl eine Klammer sehen, die auch den ersten Teil mit umfaßt; denn an dessen Beginn in 2, 1 fordert Barnabas dazu auf, ,,die Rechtsforderungen des Herrn zu erforschen". Wie in 21, 5 den intellektuellen Tugenden die ὑπομονή folgte, so in v 6 der Aufforderung nach Erforschung die nach dem entsprechenden Tun, als dessen Ziel das Bestehen im Gericht angesehen wird. — Auf den Briefschluß vv 7-9 brauchen wir hier nicht einzugehen.

---

[17] Windisch spricht unter Hinweis auf Joh 3, 12; IgnTrall 5, 1; 4 Esr 4, 21 von einem ,,apokalyptischen Topos" (396).

[18] Damit ergibt es sich auch von hier aus, daß cc 18—21 keinen Anhang bilden, sei es von fremder Hand oder der des Barnabas selbst. Dem ganzen Brief liegt vielmehr eine einheitliche Konzeption zugrunde.

Fassen wir diesen Abschnitt knapp zusammen, so ist einmal festzuhalten, daß 1, 5 die Erwartung, Barnabas verwende Tradition, bestätigt und 1, 8 für die Vermutung, es handle sich dabei um „Schulgut", einen Anhaltspunkt bietet. Zum anderen hat es sich gezeigt,
daß es nach dem Rahmen des Briefes Barnabas vor allem um die Erkenntnis des von Gott geforderten Tuns geht, dessen Ziel das Bestehen
im Gericht ist.

III. Redaktion und Tradition in cc 2—16

1. Ad-hoc-Bildungen (Untersuchung einiger auffälliger Sätze)

Der Barn enthält eine Reihe von Sätzen, die deutlich aus ihrem
Kontext hervorstechen, zum Teil sogar unmotiviert erscheinen; zugleich aber weisen sie durch Inhalt und Terminologie klare Bezüge
zum Rahmen auf, so daß es sich also offensichtlich um Ad-hoc-Bildungen des Barnabas selbst handelt. Diese als solche zu erweisen und
daraus die nötige Folgerung zu ziehen, ist Aufgabe dieses Abschnittes.

Wir beginnen mit 4, 9a: „Da ich aber viel schreiben will — nicht
wie ein Lehrer, sondern wie es einem Liebenden geziemt, nichts von
dem auszulassen, was wir besitzen —, habe ich, euer untertänigster
Diener, mich beeilt zu schreiben"[19]. Diese Bemerkung ist völlig beziehungslos zum Kontext; voran geht eine Erörterung über den Empfang und das Zerbrechen der beiden Tafeln durch Moses, und 4, 9b
folgt eine Mahnung, eingeleitet mit διό, das sich aber schlechterdings
nicht auf 4, 9a beziehen läßt[20]. Dieser Satz kann allerdings auch nicht
als Glosse erklärt werden; denn die Nähe zum Rahmen erweist ihn
als Bildung des Barnabas selbst: Die Beteuerung, „nicht wie ein Lehrer"
zu schreiben, findet sich auch in 1, 8, und die Behauptung, sich beeilt
zu haben, steht fast genauso in 21, 9 und ähnlich in 1, 5.

Dieselben Beobachtungen lassen sich an 6, 5 machen: „Einfacher
schreibe ich euch, damit ihr versteht, ich, untertänigster Diener eurer
Liebe". Vom Inhalt des Kontextes her ist es wieder unerfindlich,
warum dieser Satz hier steht: 6, 1-4 handelt es sich um mit kommentierenden Einleitungen versehene Zitate, die die Auferstehung Jesu
betreffen, und vv 6f um solche, die auf die Passion Bezug nehmen,
wie es schon in 5, 12-14 der Fall war. Auch hier verbietet sich die An-

---

[19] Für Prigent ist dieser Satz „nur persönliches Geschwätz" (152), das er keiner weiteren Überlegung für nötig erachtet.

[20] Das dürfte der Grund sein für die Stellung des διό vor περίψημα in SH, falls es sich
dabei nicht einfach um ein Versehen handelt. Die richtige Lesart hat L bewahrt.

nahme einer Glosse: ἁπλούστερον γράφω hat eine sachliche Parallele
in 17, 1, und περίψημα fand sich in der eben besprochenen Stelle 4, 9a,
so daß auch 6, 5 als bei Abfassung dieses Briefes gebildeter Satz des
Barnabas zu gelten hat.

Diese seltsame Erscheinung, daß Ad-hoc-Bildungen sich nicht in
den Gedankengang des Kontextes einpassen, sondern im Gegenteil
deutlich aus ihm herausfallen, läßt sich m. E. nur so erklären, daß
dieser dem Verfasser bei Abfassung seines Briefes schon in fester Gestalt vorlag und seine Bemerkungen Nähte bilden, die verschiedene
Traditionsstücke zusammenflicken sollen. Daß Barnabas Traditionen
gebraucht, scheint mir auch aus der Wendung ἀφ' ὧν ἔχομεν μὴ ἐλ-
λείπειν in 4, 9a hervorzugehen: So redet kaum jemand, der durchgehend aufgrund eigenen Nachdenkens selbständig formuliert, sondern
eher einer, dem Traditionen überkommen sind. Die inhaltliche Be-
deutungslosigkeit der besprochenen Sätze, die sich ohnehin von selbst
aufdrängt, macht ein Vergleich von 4, 9a mit c 17 vollends deutlich:
Beteuert Barnabas hier, nichts von dem auszulassen, was er besitzt,
so deutet er dort an, daß er noch mehr schreiben könnte. Es handelt
sich also um Floskeln, die lediglich *formale* Bedeutung haben. Wie c 17
die Verbindung zwischen dem ersten und zweiten Teil des Briefes herstellt, so dürfte es sich bei 4, 9a und 6, 5 — wie eben schon ausgesprochen — um Nahtstellen handeln, die vorgegebene Stücke innerhalb des ersten Teiles verbinden.

Ähnlich wie mit 4, 9a und 6, 5 verhält es sich auch mit 5, 3: ,,Wir
müssen also dem Herrn übermäßig danken, weil er uns sowohl das Vergangene kundgetan als auch im Gegenwärtigen weise gemacht hat,
und in bezug auf das Künftige sind wir nicht unverständig''. Die Parallelität zu 1, 7 weist diesen Satz als Ad-hoc-Bildung des Barnabas
aus[21]. Seine Folgerung in v 3 ergibt sich aus dem unmittelbar vorangehenden Kontext (5, 1f) nicht gerade zwingend; in ihm ist wohl von
Vergangenem die Rede, von Gegenwärtigem expressis verbis nicht und
von Zukünftigem gar nicht; und ein Rückbezug auf die Paränese in
4, 9b-14 erscheint auch nicht passend, da in ihr nicht ,,der Herr'' den
Lesern etwas kundgetan oder sie weise gemacht hat. Das aber heißt,
daß das von Barnabas in 5, 3 gebrauchte Dreierschema an 5, 1f her-
angetragen wird; die Verse sind weder auf dieses hin konzipiert noch
legen sie es nahe; da aber v 3 von Barnabas formuliert ist, müssen ihm
vv 1f schon als Tradition vorgelegen haben. Die Floskelhaftigkeit auch
dieser Bemerkung des Barnabas zeigt wiederum ein Vergleich mit c 17:

---

[21] Darüber hinaus entspricht ὑπερευχαριστεῖν dem ὑπερευφραίνεσθαι in 1, 2.

Dort spricht er seinen Lesern Einsicht für das Zukünftige ab, hier —
in dem „wir" sind die Leser eingeschlossen — gesteht er ihnen zu, daß
sie in bezug auf das Zukünftige nicht unverständig sind. Diese Sätze
sind also ihrer inhaltlichen Aussage nach nicht sonderlich ernst zu
nehmen; ihre Funktion ist formaler Art.

Mit 5, 3 gehört 7, 1 eng zusammen: „Bemerkt also, Kinder der
Freude, daß der gute Herr uns alles im voraus offenbart hat, damit
wir erkennen, wem wir in allem Dank und Lob schuldig sind". Durch
das einleitende οὐκοῦν gibt sich dieser Satz zwar als Folgerung aus
dem Vorangehenden, aber er ist so allgemein gehalten (πάντα), daß
er hinter jeder beliebigen Erörterung stehen könnte. Daß es sich bei
ihm um eine Nahtstelle im angegebenen Sinn handelt, wird daraus
ersichtlich, daß 7, 2 wieder die Thematik von 5, 5—6, 7 aufnimmt,
während in 6, 8. 11-19 ganz anderes verhandelt wird; dieses Stück
wird also Barnabas schon vorgelegen haben, und nun sucht er mit spärlichen redaktionellen Mitteln wieder einen Übergang zu gewinnen.

Inhaltlich verwandt mit 5, 3 und 7, 1 ist 6, 10b: „Gelobt sei unser
Herr, Brüder, der Weisheit und Einsicht seiner Geheimnisse in uns
gelegt hat! Der Prophet spricht nämlich ein Rätselwort, das auf den
Herrn zu deuten ist[22]. Wer kann es verstehen außer dem Weisen und
Verständigen und seinen Herrn Liebenden?" Eine terminologische
Parallele besteht außerdem noch zu 17, 2, wo παραβολή und νοεῖν
ebenfalls in Beziehung aufeinander gebraucht sind. Die sachliche Spannung jedoch — hier wird eine παραβολή ausgelegt, dort den Lesern
grundsätzliches Unverständnis für παραβολαί bescheinigt — zeigt
wieder die inhaltliche Irrelevanz solcher Aussagen. Die Auslegung der
παραβολή steht in 6, 9, während der unmittelbare Kontext von 6, 10b
keine Beziehung zu diesem Satz hat.

Wir hatten eben anläßlich der Besprechung von 7, 1 schon darauf
hingewiesen, daß 6, 8. 11-19 etwas anderes behandelt wird als in den
umgebenden Stücken. Deren Thematik aber kehrt in 6, 9 wieder; und
wenn nun in 6, 10b ein auf 6, 9 bezogener Satz des Barnabas der in
diesem Abschnitt besprochenen Art begegnet, liegt die Annahme nahe,
daß v 9 eine von ihm selbst gebildete Erweiterung ist, durch die er
das ganze sonst andersartige Stück mit dem Kontext verbindet, und
daß er in v 10 auf seine Weise wieder den Übergang zu gewinnen sucht.
Wir werden hierauf bei der Analyse von 6, 8-19 zurückkommen.

In diesem Zusammenhang ist schließlich noch auf 9, 9 einzugehen,
obwohl es sich hier etwas anders verhält als bei den vorigen Stellen:

---

[22] Übersetzung nach Windisch 335.

„Es weiß, der das eingepflanzte Geschenk seiner Lehre in uns gelegt hat: Niemand hat ein erleseneres Wort von mir gelernt; aber ich weiß, daß ihr würdig seid". Wenn es hier überhaupt eines Nachweises bedarf, daß dieser Satz eine Ad-hoc-Bildung des Briefschreibers ist, so sei für den ersten Teil auf die ἡ ἔμφυτος δωρεὰ τῆς διδαχῆς αὐτοῦ ähnliche Wendung ἔμφυτος τῆς δωρεᾶς πνευματικῆς χάρις (1, 2) und die genauso in 6, 10 begegnende Bezeichnung Gottes als ὁ ... θέμενος ἐν ἡμῖν hingewiesen. Der Unterschied von 9, 9 zu den vorher besprochenen Stellen liegt darin, daß der Bezug zum Vorangehenden, nämlich vv 7 f, unmittelbar evident ist, und auch zum Folgenden besteht keine Spannung, da es sich um eine Abschlußbildung handelt. Das und der offensichtliche Stolz auf die gegebene Auslegung legen die Vermutung nahe, daß das Stück vv 7 f eigene Leistung des Barnabas ist, was die Analyse bestätigen wird. Daß er aber hier an dieser einen Stelle von seiner eigenen Auslegung soviel Aufhebens macht, ist ein Hinweis darauf, daß er sonst nicht viel Eigenes zu bieten hat[23] und nicht nur in den Zitaten, sondern auch in deren Erklärungen auf Traditionen zurückgreift. Diese Folgerung ergibt sich auch aus den vier zuerst besprochenen Stellen (4, 9 a; 6, 5; 5, 3; 7, 1), während 6, 10 ein Hinweis darauf ist, eigene Arbeit des Barnabas vor allem in Erweiterungen schon vorgegebener Auslegungen zu suchen.

Der Ertrag dieses Abschnittes liegt einmal darin, daß die — schon durch die Besprechung von 1, 5 bestärkte — Annahme, Barnabas gebrauche in cc 2—16 Tradition, bestätigt worden ist, und zum anderen hat sich die von Bousset für die Analyse von cc 2—16 übernommene Fragestellung, ob es sich bei der dort gebrauchten Tradition um bereits kommentierte Zitate und nicht einfach nur um „Testimonien" handelt, als vollauf berechtigt herausgestellt.

Die fünf hier zuerst besprochenen, zusammengehörigen Stellen konzentrieren sich auf die Kapitel 4—7. Diese auffällige Häufung in wenigen Kapiteln verlangt eine Erklärung. Auf diese Beobachtung wird bei der Analyse zurückzukommen sein.

2. Analyse von cc 2—16

Nachdem das Recht der Frage nach Tradition im Barn erwiesen ist, soll nun in einer fortlaufenden Analyse von cc 2—16 der Einzelnachweis gebracht werden: Wo lassen sich selbständige, vorgegebene Einheiten ausgrenzen, und an welchen Stellen zeigt sich die Hand des Barnabas? Wie geht er als Redaktor vor? Auf den Inhalt wird dabei

---

[23] Vgl. Veldhuizen 70 f; Creed 378.

nur insoweit eingegangen, als es für die Beantwortung dieser Fragen
von Bedeutung ist. Daß bei einer solchen Untersuchung viele Un-
sicherheiten bleiben, liegt in der Natur der Sache. Es soll uns genügen,
soviel Wahrscheinlichkeit zu erreichen, daß begründete Folgerungen
möglich sind.

a) 2, 1—3, 6

Die Kapitel 2 und 3 bilden eine Einheit. Zwischen 2, 10 und 3, 1
eine Trennung vorzunehmen, ist nicht gerechtfertigt, da die Einlei-
tungsformel in 3, 1 in einer Reihe mit denen in 2, 4. 7. 10; 3, 3 steht
und keinen Neueinsatz anzeigt, sondern im Gegenteil ausdrücklich
sagt, daß es immer noch um dieselben Dinge (περὶ τούτων) geht[24].
Blickt man nur auf die vordergründigen Themen Opfer und Fasten,
kann man natürlich keine Einheit beider Kapitel erkennen; sie muß
vielmehr in dem gesucht werden, was der Verfasser dieses Stückes aus
diesen Themen gewinnt. Seine Zusammengehörigkeit erweist auch das
Korrespondenzverhältnis zwischen dem Finalsatz in 2, 6 und dem in
3, 6. Dem „neuen Gesetz unseres Herrn Jesus Christus" steht „das
Gesetz jener" (= der Juden) alternativ gegenüber. 2, 6 und 3, 6 sind
auch die einzigen Stellen im ganzen Barn, an denen das Wort νόμος
begegnet. Diese Singularität ist zugleich ein Hinweis darauf, daß das
Stück cc2f nicht von Barnabas selbst formuliert worden ist; er gebraucht im Rahmen zur Bezeichnung des mit dem „neuen Gesetz"
gemeinten Sachverhaltes die Wendung τὰ δικαιώματα τοῦ θεοῦ bzw.
κυρίου (1, 2; 21, 1. 5). Ebenfalls singulär ist die volle Titulatur ὁ κύριος
ἡμῶν ᾿Ιησοῦς Χριστός. Einen weiteren Hinweis auf den Traditionscharakter von cc2f gibt die Feststellung, daß dieses Stück als isolierte
Einheit ohne den Kontext und abgesehen von der Briefsituation in
sich selbst völlig verständlich ist. Das macht folgende Beobachtung
deutlich, die zugleich auch die Einheitlichkeit von cc2f unterstreicht
und aus der sich auch ein Beweis für die Vorgegebenheit ableiten läßt.
Diejenigen Zitate, die „uns" gelten, enthalten einmal die Gottesverehrung des Herzens (2, 10a) und zum anderen das Abtun des Unrechts
gegen den Nächsten und die Hilfe für ihn (3, 3; es folgen Verheißungen),
sind also zuerst auf Gott und dann auf den Nächsten bezogen. Diese
Aufteilung und Reihenfolge wird kaum zufällig sein, sondern es scheint,

---

[24] Dazu Windisch 316: „Die einleitenden Worte lauten, als kämen noch Testimonien
über das Opfer" (ähnlich Prigent 46). Aber diese Bemerkung ist eben nur richtig,
wenn man voraussetzt, Barnabas bzw. seiner Tradition ginge es im Vorangehenden
um „Testimonien über das Opfer".

daß das ganze Stück nach dem Schema Gottesverehrung und Nächstenliebe konzipiert worden ist[25]. Ginge diese Konzeption auf Barnabas selbst zurück, sollte man erwarten, daß er das Schema von Gottes- und Nächstenliebe auch in 19, 2 hergestellt hätte, was durchaus nahelag, wie die Did-Parallele zeigt. Da er das aber nicht tut, ist für cc 2f zu folgern, daß ihm dieses Stück schon vorgegeben war. Dafür läßt sich nun noch ein letztes Argument anführen: Der Beginn des Stückes in 2, 1 findet seine genaue Fortsetzung in v 4, der an vv 2f nicht gut anschließt. Bei diesen beiden Versen handelt es sich jedoch nicht um eine nachträgliche Interpolation, sondern sie lassen sich eindeutig als von Barnabas geschrieben nachweisen. Nicht nur, daß in v 3 dieselben Tugenden in derselben Reihenfolge wie in 21, 5 aufgezählt werden, sondern auch die Zuordnung von praktischen und theoretischen Tugenden ist dieselbe, wie wir sie in 21, 5f vorfanden[26]: Die letzteren „freuen sich" mit ersteren, wenn diese „in Entsprechung zum Herrn rein bleiben"; die theoretischen Tugenden bestehen nicht in selbstgenügsamer Spekulation, sie gelten nur, insofern das von ihnen Erkannte sich in den praktischen Tugenden auswirkt. Bevor er die angekündigte Gnosis mitteilt, gibt Barnabas also noch eine grundsätzliche Vorbemerkung. Eine solche starke Unterbrechung eines sonst nahtlosen Zusammenhangs ist aber nur erklärlich, wenn dieser selbst schon vorgegeben war.

Andererseits zeigt sich aber auch außerhalb von 2, 2f die Hand des Barnabas: Der Anfang von 2, 1 mit einem absoluten Genitiv entspricht genau dem Anfang von 1, 2, wie sich überhaupt wohl kaum gewichtige stilistische Unterschiede zwischen dem Rahmen und den kommentierenden Sätzen feststellen lassen. In 3, 6 weist auf Barnabas die Wendung προεφανέρωσεν ἡμῖν περὶ πάντων, die dem πάντα ... προεφανέρωσεν ἡμῖν in 7, 1 sehr ähnlich ist, und 2, 4a kommt 1, 7 nahe. Während an diesen Stellen wohl Eingriffe des Barnabas vorliegen, kann man fragen, ob die Sätze 2, 9. 10b ganz auf ihn zurückgehen, da sie für das Stück nicht notwendig sind und der Gebrauch von ὀφείλειν für Barnabas typisch zu sein scheint (1, 7; 5, 3; 7, 1)[27]; auch ἀσύνετος findet sich nur noch in der Barnabas zugehörigen Stelle 5, 3. Sicherheit kann hier aber nicht gewonnen werden, da diese Sätze — so entbehrlich sie sind — auch nicht in Spannung zu ihrem Kontext stehen; ebensowenig wie

---

[25] Damit liegt hier zweifellos eine sachliche Parallele zu Mk 12, 28ff parr vor; Kenntnis eines synoptischen Evangeliums durch den Autor des Stückes läßt sich aber von daher nicht erweisen.

[26] Vgl. o. S. 13.

[27] Vgl. u. S. 45 Anm. 91.

2*

die erwähnten Eingriffe verraten sie eine besondere, gegenüber dem Kontext andere Tendenz.

Wir erhalten somit als Ergebnis, daß in 2, 1. 4—3, 6 (vielleicht ohne 2, 9. 10b) ein Traditionsstück vorliegt[28], in dessen Anfang Barnabas eine grundsätzliche Bemerkung über das Verhältnis von praktischen und theoretischen Tugenden einschaltete, das von ihm — ohne besondere Tendenz — bearbeitet wurde und das sich in seinen die Zitate kommentierenden Sätzen stilistisch nicht vom Rahmen unterscheidet. Bevor eine Erklärung dieser eigenartigen Doppelheit — daß sich nämlich einerseits ein Stück als traditionell erweist, dessen Stil andererseits dem des Redaktors entspricht und das Eingriffe von dessen Hand ohne eigene Tendenz aufweist — in Angriff genommen werden soll, indem wir die Art dieser Tradition zu bestimmen versuchen, setzen wir zunächst die Analyse fort, um weitere Beobachtungen zu gewinnen.

b) 4, 1—5, 4

Aus der Feststellung, daß 4, 9a eine Ad-hoc-Bildung ist, die ziemlich beziehungslos in ihrem Kontext steht, hatten wir den Schluß gezogen, daß dieser dem Verfasser schon in fester Gestalt vorgelegen haben muß[29]. Diese Annahme läßt sich im einzelnen erhärten. Das unmittelbar vor 4, 9 behandelte Thema beginnt — mit ἔτι δὲ καὶ τοῦτο deutlich als neues Stück eingeführt — in v 6. Dessen Einleitung allerdings ist zweifellos von Barnabas formuliert, wie die Wendungen ὡς εἷς ἐξ ὑμῶν und ἀγαπῶν ὑπὲρ τὴν ψυχήν μου zeigen, die ihre Entsprechungen in 1, 8 und 1, 4 haben. Inhaltlich aber fallen die Verse 6-8, die von Israels Verlust der ihm zugedachten Diatheke, schon bevor es diese überhaupt empfangen hatte, und von ihrer Übermittlung an die Christen handeln, aus dem Gesamtzusammenhang des vierten Kapitels, das im wesentlichen Paränese bringt, heraus. Sollen sie in ihm einen Sinn haben, dann kann es nur der sein, daß Israels Schicksal den Christen als warnendes Beispiel dient[30]; ein solches Verständnis wird auch von v 14 her nahegelegt. Daraufhin aber sind diese Verse nicht konzipiert worden; sie gipfeln in dem Finalsatz von v 8, der weder selbst eine Warnung enthält noch voraussetzt, daß das Vorangehende

---

[28] 2, 4b könnte auf eine Traditionsstufe zurückweisen, auf der dieser Satz die Einleitung einer Zitatenreihe zum Thema Opfer bildete (vgl. Windisch 310). Doch uns interessiert im Zusammenhang der Arbeit — wie gesagt — die Gestalt der Tradition, wie sie Barnabas bei Abfassung seines Briefes vorlag und nicht ihre Vorgeschichte.

[29] S. o. S. 14f.

[30] Weiß 58; Veldhuizen 66; Völter, Väter 343.

so verstanden werden soll. Die Andersartigkeit von vv 6-8 gegenüber dem ihnen von ihrem Kontext abgeforderten Sinn erweist sie als Tradition[31]. Das unterstreicht die Parallele in c 14, wo dasselbe Thema mit fast denselben Worten ganz für sich selbst behandelt und nicht in einen ihm ursprünglich fremden Kontext gestellt wird. Von dorther erhellt aber auch, daß 4, 6-8 kein vollständiges Traditionsstück, sondern nur der Teil eines solchen ist. Die Vermittlung der Diatheke an die Christen, womit 4, 8 schließt, wird in 14, 4f mit der Passion Christi begründet. Von daher kann man geneigt sein, in 5, 1f, wofür der Traditionsbeweis schon geführt worden ist[32], die Fortsetzung von 4, 8 zu erblicken[33]. Folgende Beobachtung macht diese Vermutung wahrscheinlich: Das γάρ des ersten Satzes von 5, 1 weist auf einen Anschluß nach rückwärts; mit dem unmittelbar Vorangehenden aber ist 5, 1f nur sehr schwer in einen gemeinsamen Zusammenhang zu bringen, während es an 4, 8 glatt anschließt, wie die Parallele in c 14 zeigt.

Für die weitere Untersuchung in diesem Abschnitt bleiben nun noch 4, 1-5. 9b-14 und 5, 4 übrig. 4, 1a scheint eine Überleitung des Barnabas zu sein. Dafür spricht das Auftauchen des Begriffs ἐνεστῶτα, der nur an redaktionellen Stellen begegnet (1, 7; 5, 3; 17, 2); und die Wendung ἐκζητεῖν τὰ δυνάμενα ἡμᾶς σώζειν entspricht sachlich dem in 21, 6 Gesagten, um des Bestehens im Gericht willen das zu erforschen und zu tun, was der Herr fordert. In vv 1f folgen Mahnungen, die so allgemeiner Art sind, daß man kaum zu der Ansicht gelangen kann, sie seien speziell für diesen Brief formuliert worden. Zwischeu v 2 und v 3 macht Barnabas keinen Einschnitt kenntlich; für ihn gehören also vv 1f und vv 3-5 zusammen, wobei die Verbindung so gedacht sein muß, daß der eschatologische Ausblick in vv 3-5 — die Betonung, daß das Ende näher ist, als man denkt[34] — die Dringlichkeit der vorangehenden Paränese unterstreichen soll. Aber auf eine solche Funktion hin ist das Stück vv 3-5 nicht konzipiert worden, da es nicht vom Kommen des „Geliebten" zum Gericht, sondern von seinem schnelleren Kommen „zum Erbe" spricht, ursprünglich also wohl als tröstliche Verheißung gedacht war. Den Traditionscharakter von 4, 3-5 erweist auch folgende Überlegung: Von den beiden Zitaten aus Dan 9, 7f. 24 in v 3 und v 4, die — wohl um der größeren Deutlichkeit

---

[31] Obwohl vv 6-8 vom Kontext her als warnendes Beispiel verstanden sein wollen, bricht in ihrer Einleitung eine anders gerichtete Polemik durch, die mit dem Schrift- und Geschichtsverständnis des Barnabas zusammenhängt; dazu s. u. S. 81f. 102 f.

[32] S. o. S. 15 f.

[33] So Völter, Barnabasbrief 117.

[34] Vgl. hierzu Stegemann 149.

von 9, 24 willen — in umgekehrter Reihenfolge erscheinen, ist nur das zweite als Danielzitat ausgewiesen, während es vom ersten lediglich ganz allgemein heißt, daß ein Prophet es spreche. Dieser Tatbestand kann m. E. nur von der Voraussetzung her befriedigend erklärt werden, daß derjenige — sei es Barnabas oder ein anderer —, der das zweite Zitat als von Daniel stammend gekennzeichnet hat, das erste nicht als solches gekannt haben kann; und da beide Zitate in gleicher Weise verändert worden sind und in dieser Form mit v 3 zusammenpassen, wird er das ganze Stück vv 3-5 als Tradition vorgefunden haben.

Wenn auch vv 3-5 eine ursprünglich selbständige Einheit gebildet haben, so dürften sie doch schon vor Abfassung des Barn mit den allgemeinen Mahnungen in vv 1b. 2 verbunden gewesen sein, da Barnabas hier keinen Übergang zu einem anderen Stück anzeigt.

Wir hatten schon bei der Besprechung von 4, 9a[35] festgestellt, daß das διό in v 9b sich nicht auf das unmittelbar Vorangehende beziehen kann; der mit ihm eingeleitete Satz knüpft sachlich wieder an vv 1b-5 an. Da zudem die vv 9bff stehenden Mahnungen wieder ganz allgemeiner Art sind und daher nicht den Eindruck von Ad-hoc-Bildungen machen, erklärt sich das in seinem jetzigen Kontext unmotivierte διό am einfachsten von daher, daß vv 9bff zusammen mit vv 1b-5 Barnabas bei Abfassung seines Briefes als einheitliche Größe vorlagen[36]. Nur v 14 scheint erst bei dieser hinzugekommen zu sein, was die redaktionelle Überleitung ἔτι δὲ κἀκεῖνο, die in ähnlicher Form schon 4, 6 begegnete, wahrscheinlich macht.

5, 3 hatte sich als eine Ad-hoc-Bildung des Barnabas erwiesen. Er konstatiert hier ein Wissen, das in vv 1f liegen soll, und folgert von daher dann in v 4 auf die Notwendigkeit gerechten Tuns. Muß das

---

[35] Vgl. o. S. 14.

[36] Windisch hält 4, 1-6a. 9b-14 für „ein zusammenhängendes, eschatologisch-paränetisches Stück" (317). — Teile aus Barn 4, 9f haben eine enge Parallele in Did 16, 2. Creed (379) meinte, daß diese Sätze den ursprünglichen Schluß der Zwei-Wege-Lehre bildeten (zu älteren Vertretern dieser Hypothese vgl. Veldhuizen 37f). Unter dieser Voraussetzung wäre ihre jetzige Stellung in Did zwar zu erklären, aber nicht im Barn. Für Connolly, Streeter 376, ist diese Parallele ein Beweis für die direkte literarische Abhängigkeit des Didachisten vom Barn, während Prigent umgekehrt Benutzung der Did durch Barnabas annimmt (153—156. 157). Unsere Analyse hat gezeigt, daß Barnabas die Did 16, 2 parallelen Sätze schon innerhalb eines traditionellen Zusammenhanges überkommen sind. Daher kommt direkte Abhängigkeit des Barnabas von Did an dieser Stelle nicht in Betracht, und andererseits können die fraglichen Sätze dem Didachisten ohne Benutzung des Barn bekannt geworden sein. Auf das Verhältnis von Did und Barn werden wir erst bei der Analyse von Barn 18—20 eingehen.

jedenfalls die von Barnabas beabsichtigte Gedankenfolge sein, so ist
die Formulierung von v 4 doch auffällig, insofern hier kein Bezug auf
das in v 3 genannte Wissen genommen wird, sondern von der „Erkenntnis des Weges der Gerechtigkeit" die Rede ist, dem der „Weg
der Finsternis" gegenübersteht. Daher ist kaum anzunehmen, daß
v 4 — wie es bei v 3 der Fall ist — von Barnabas formuliert wurde.
Bedenkt man weiter, daß dieser Vers sehr gut an 4, 13 anschließt und
überhaupt dem ganzen Stück 4, 1b-5. 9b-13 sachlich entspricht[37], so
kann man es durchaus für möglich halten, daß er ursprünglich dieses
Stück abschloß.

Demnach ergibt sich für die Arbeitsweise des Barnabas in 4, 1—5, 4:
Er schachtelt zwei Traditionsstücke ineinander, wobei er an die Übergänge in drei Fällen mehr oder weniger aus dem Kontext herausfal-
lende allgemeine Bemerkungen[38] und in einem (4, 14) eine mit ἔτι δὲ
κἀκεῖνο eingeleitete Erweiterung setzt. Die im vorigen Abschnitt besprochenen Ad-hoc-Bildungen sind also nicht — wie es zunächst den
Anschein hat — unmotiviert und willkürlich irgendwo in den Text gestellt worden, sondern es handelt sich bei ihnen um redaktionelle
Mittel des Barnabas, mit deren Hilfe er bei der Schachtelung von
Traditionsstücken die Übergänge gewinnt. Nachdem er in 2, 1—3, 6
„Rechtsforderungen des Herrn" dargelegt hat, läßt er zunächst den
ersten Teil eines Stückes folgen, das eschatologisch motivierte Mahnungen enthält, darauf den Anfang eines zweiten Stückes, der ihm
hier als warnendes Beispiel dient, und bringt dann den Abschluß des
ersten Stückes, in das er aber noch die Fortsetzung des zweiten ein-
schiebt. Mit dieser aber hat er ein Thema erreicht, das nun im folgenden im Mittelpunkt steht: Leiden und Tod Jesu.

c) 5, 5—7, 2

In 5, 5 setzt Barnabas mit etwas Neuem ein, was die redaktionelle
Übergangswendung ἔτι δὲ καὶ τοῦτο, ἀδελφοί μου zeigt (vgl. 4, 6. 14).
Es wird die Frage gestellt, wie es denn der, der mit Gott bei der Schöpfung beteiligt war, auf sich nehmen konnte, von Menschenhand zu
leiden. Sie erhält ihre abschließende Antwort in 7, 2; dieser Vers steht
in genauer Entsprechung zu 5, 5: Die Eingangswendung von 5, 5 εἰ ὁ
κύριος ὑπέμεινεν παθεῖν περὶ τῆς ψυχῆς ἡμῶν hat als ihre Parallele in
7, 2 εἰ οὖν ὁ υἱὸς τοῦ θεοῦ ... ἔπαθεν, ἵνα ἡ πληγὴ αὐτοῦ ζωοποιήσῃ ἡμᾶς;

---

[37] Dem „Weg der Finsternis" entspricht in 4, 10 „der böse Weg", und die beiden Wege
in 5, 4 lassen sich auf die beiden καιροί in 4, 1 beziehen.
[38] 4, 9a; 5, 3; hierzu gehören auch die drei ersten Worte in 4, 6: συνιέναι οὖν ὀφείλετε.

und war in 5, 5 die mit dem Leiden kontrastierende Würdestellung des Kyrios mit seinem Herrsein über die Welt und seiner Beteiligung bei der Schöpfung beschrieben worden, so in 7, 2 die des Sohnes Gottes ebenfalls mit seinem Herrsein und mit seinem endzeitlichen Richteramt; und schloß 5, 5 mit einer Frage und der Aufforderung, zu „lernen" (πῶς οὖν ὑπέμεινεν ὑπὸ χειρὸς ἀνθρώπων παθεῖν; μάθετε.), so 7, 2 mit einer Antwort (πιστεύσωμεν, ὅτι ὁ υἱὸς τοῦ θεοῦ οὐκ ἠδύνατο παθεῖν εἰ μὴ δι' ἡμᾶς). Diese Korrespondenz beider Verse ist gewiß keine zufällige. Doch daß hier Barnabas selbst formuliert, ist kaum anzunehmen: 7, 1 liegt eine Ad-hoc-Bildung vor[39]. V 2 gibt sich als Folgerung (οὖν) aus dem Vorangehenden, steht aber zu v 1 in keiner sachlich einsichtigen Beziehung. Da jedoch v 1 von Barnabas formuliert worden ist, dürfte v 2 wohl nicht aus seiner Feder stammen. Die eigene Bildung des Barnabas in v 1 scheint also wieder anzuzeigen, daß er hier verschiedene Traditionsstücke ineinanderschachtelt; denn auch das Stück 6, 8. 11-19 ist — wie schon gezeigt[40] — für traditionell zu halten, und 7, 2 läßt sich auch darauf nicht beziehen. Liegt nun 7, 2 Tradition vor, dann auch in dem korrespondierenden Vers 5, 5 (natürlich ohne die redaktionelle Übergangswendung). Beide Verse können nicht unmittelbar aufeinander gefolgt sein; sie sind jedoch als Anfang und Ende eines Traditionsstückes verständlich. Damit haben wir einen Ansatzpunkt gefunden, der uns helfen kann, durch das Gewirr von 5, 6—6, 7 hindurchzufinden.

Beginnt Barnabas in 5, 5 mit der Wiedergabe eines neuen Traditionsstückes, so erwartet man selbstverständlich dessen Fortsetzung zunächst in v 6, mit dem v 7 zusammengehört; Barnabas zeigt auch durch nichts an, daß dem anders wäre, und sachlich ist diese Weiterführung möglich.

Beide Verse zeigen jedoch eine ziemlich verwirrende und m. E. auch verwirrte Anlage. Über sie geht Windisch schnell hinweg: „Eine merkwürdig verschlungene Periode, in der immerhin ein Dreifaches deutlich wird" (328), und greift dann einzelne Punkte heraus. Eine solche Verschlingung als ursprüngliche Formulierung anzunehmen, erscheint mir als nicht möglich. Doch sehen wir uns den Text im einzelnen an: Voran steht die bloße Feststellung, daß die Propheten ihn, nämlich den vorher erwähnten Kyrios, prophezeit haben. Was sie aber prophezeit haben, wird nicht gesagt. Das ist insofern überraschend, als man nach v 5 die Aussage erwarten sollte, sie hätten das Leiden Jesu vorausgesagt. Während man hier also etwas vermißt, ist der nächste Satz völlig überladen: In den Hauptsatz αὐτὸς δὲ ὑπέμεινεν, an den ein ἵνα-Satz anschließt, ist ein weiterer ἵνα-Satz eingeschaltet, der dem ihm folgenden ὅτι-Satz subordiniert gedacht werden muß; der

[39] Vgl. o. S. 16.
[40] S. o. S. 16.

wiederum ist wie der zweite ἵνα-Satz vom Prädikat des Hauptsatzes abhängig. Zu dieser Überlastung kommt nun eine sachliche Nähe zwischen Hauptsatz und ὅτι-Satz und zwischen den beiden ἵνα-Sätzen hinzu. Daher scheint mir der folgende Vorschlag einer Umstellung gerechtfertigt zu sein: οἱ προφῆται ... εἰς αὐτὸν ἐπροφήτευσαν, ὅτι ἐν σαρκὶ ἔδει αὐτὸν φανερωθῆναι, ἵνα καταργήσῃ τὸν θάνατον καὶ τὴν ἐκ νεκρῶν ἀνάστασιν δείξῃ · αὐτὸς δὲ ὑπέμεινεν, ἵνα τοῖς πατράσιν κτλ. Die jetzige Folge kann so erklärt werden, daß in einer frühen Handschrift einige Zeilen übersprungen und dann am Rand nachgetragen wurden; der diese Handschrift als Vorlage benutzende Abschreiber hätte dann die Sätze am Rand an falscher Stelle in den Text eingetragen und dabei auch, um jetzt eine bessere Folge zu erhalten, ὅτι- und ἵνα-Satz umgestellt. Natürlich ist eine solche Hypothese nicht unproblematisch, aber der jetzige Text ist es nicht weniger.

V 8 beginnt mit der Übergangswendung πέρας γέ τοι; das hieran Anschließende läßt sich nicht als Fortsetzung von vv 6f verstehen. Es scheint zunächst auch so, als paßten vv 8f gar nicht in den Zusammenhang[41], da sie lediglich erzählen, daß Jesus, indem er Israel lehrte und Wunder tat, es überaus liebte[42], und daß er sich als Sohn Gottes offenbarte, als er zu seinen Jüngern zutiefst sündige Männer erwählte. Das in v 5 angegebene Thema scheint hier vergessen zu sein. Erst v 10 geht darauf wieder ein, indem zwar nicht auf die Frage, warum der Gottessohn litt, geantwortet wird, wohl aber auf die eng damit verbundene, warum er im Fleisch erschien: Weil die Menschen seine Gegenwart nicht ertragen hätten, da sie ja nicht einmal in die vergängliche Sonne, das Werk seiner Hände, blicken können. Nun ist aber v 10 mit einem γάρ an vv 8f angeschlossen: Daß es überhaupt möglich war, daß der Gottessohn lehrte, Wunder tat und Jünger berief, ist darin begründet, daß er nicht unverhüllt[43], sondern in fleischlicher Gestalt kam. VV 8-10 gehören also zusammen, und Barnabas bringt deshalb vv 8f, weil er das mit diesen Sätzen zusammenhängende Argument von v 10 bringen wollte, auf das es ihm im mit v 5 begonnenen Zusammenhang ankam. Ob Barnabas das Stück vv 8-10 selbst formuliert oder ob er es aus einem anderen Zusammenhang übernommen hat, läßt sich kaum entscheiden[44]. Klar aber ist, daß es nicht ad hoc formuliert wurde und daß es nicht die 5, 5-7 begonnene Tradition fortsetzt.

---

[41] Windisch versucht erst gar nicht eine Einordnung in den Kontext. Er sieht in 5, 1 bis 7, 2 fünf Erklärungen über die Notwendigkeit des Leidens gegeben und zählt über 5, 8f einfach hinweg (329).

[42] So V; die Lesarten der übrigen Handschriften sind bewußte Änderungen; vgl. Windisch 329.

[43] Vgl. Windisch 331.

[44] 5, 8 hat eine Parallele in dem von Barnabas eingeschobenen Vers 4, 14. Es ist möglich, daß er sowohl 4, 14 als auch 5, 8-10 ähnlichen Zusammenhängen entnommen hat.

Mit dieser aber könnten die Verse 11f zusammengehören; denn ihr Thema — Jesus litt, um denen das Maß der Sünden vollzumachen, die seine Propheten töten[45] — ist die Kehrseite der Aussage in v 7, daß Jesus mit seinem Leiden sich das neue Volk bereitete; diese Doppelheit zeigt sich in 14, 5, und sie steht auch hinter 5, 1f[46]. Passen also vv 11f sachlich zu vv 6f, so schließen sie doch in ihrer jetzigen Gestalt nicht glatt an v 7 an. Möglicherweise hat Barnabas, weil er vv 8-10 dazwischenschob, eine Umformulierung vorgenommen. Diese Vermutung erklärt auch, daß Barnabas in v 11 zunächst wie in v 10 — und wohl von daher veranlaßt — vom Zweck des *Kommens* des Gottessohnes *im Fleisch* schreibt, dann aber am Anfang von v 12 noch einmal resümiert: οὐκοῦν εἰς τοῦτο ὑπέμεινεν, was — wie die folgende Schriftbegründung zeigt — im Sinne des Leidens zu verstehen ist; zu dieser Verschiebung gegenüber v 11 a war Barnabas gezwungen, weil das Motiv von v 11 b ursprünglich mit dem Leiden und nicht mit dem Kommen im Fleisch zusammengehört. Daher scheint mir die Annahme begründet zu sein, daß v 11 b in der verwendeten Tradition — etwa mit καὶ ἵνα oder auch unter Wiederaufnahme des Prädikats — an v 7 anschloß. V 11 b wiederum hat eine klare Fortführung in der Schriftbegründung in v 12 b. c. Die Verse 13 und 14 bringen weitere Schriftbegründungen für das Leiden, die durchaus zur selben Tradition gehören können. An 5, 14 schließt 6, 1 an: ὅτε οὖν ἐποίησεν τὴν ἐντολήν, τί λέγει; Mit ἐντολή muß in diesem Zusammenhang der Auftrag zum Leiden gemeint sein, wovon ja im Vorangehenden die Rede war; und so spricht nun auch in den Zitaten von 6, 1-4 der Auferstandene, bzw. wird über ihn gesprochen[47]. 6, 5 liegt eine Ad-hoc-Bildung des Barna-

---

[45] Eine umfassende Darstellung der Überlieferungsgeschichte des Motivs vom Prophetenmord gibt Odil Hannes Steck, Israel und das gewaltsame Geschick der Propheten. Untersuchungen zur Überlieferung des deuteronomistischen Geschichtsbildes im Alten Testament, Spätjudentum und Urchristentum: WMANT 23, Neukirchen–Vluyn 1967.

[46] Was nämlich im Zitat von v 2 „Israel" gilt und was „uns", liegt auf der Hand: „Um unserer Ungerechtigkeiten" und „um unserer Sünden willen" wurde er verwundet und geschwächt, d. h. „uns" gilt die damit erwirkte „Heilung", die Sündenvergebung; „Israel" aber war es, das ihn verwundet und geschwächt und zur Schlachtbank geführt hat. — Windisch allerdings findet „das exegetische Prinzip" der Aufteilung der Adresse „hier wenig angebracht", da das Zitat „natürlich πρὸς ἡμᾶς gerichtet" sei (326). Auch Prigent meint, das Zitat in v 2 erlaube keine solche Teilung, wie sie die Einleitung anzeigt, und schließt daraus, daß Barnabas nur den Anfang einer ursprünglichen Reihe von Testimonien zitiere (158f). Im Interesse eines gewünschten Ergebnisses wird hier auf den Versuch verzichtet, den Text zunächst einmal so zu verstehen, wie er jetzt ist und wie er vom Briefschreiber verstanden werden will.

[47] Es ist unverständlich, wieso Prigent meint, das Zitat am Anfang von c6 sei dort „absolut nicht am Platz" (171).

bas vor, die es wahrscheinlich macht, daß das ihr Vorangehende Tradition ist[48]: Der Ausgangsfrage in 5, 5 folgte in dem Barnabas vorliegenden Traditionsstück 5, 6f. 11b in thetischer Form die Antwort, die dann 5, 12-14; 6, 1-4 ihre Schriftbegründung erfuhr; daran könnte 7, 2[49] als abschließende Folgerung angeschlossen haben.

War in 6, 1-4 von der Auferstehung die Rede, so ist in 6, 6 wieder die Passion das Thema. Dieser Wechsel macht es deutlich, daß die Ad-hoc-Bildung in 6, 5 wirklich die Funktion einer Flickstelle hat. V 6 besteht aus einer Zitatenkombination, die inhaltlich und formal der von 5, 13 sehr nahekommt. Daher kann man es erwägen, daß 6, 6 ursprünglich an 5, 13 angeschlossen hat. Das ist natürlich nicht mehr als eine Möglichkeit; klar aber ist, daß Barnabas mit v 6 und dann mit v 7, mit dem er wohl selbst das Offenbarwerden im Fleisch und das Leiden zusammenfaßt, den Übergang zu vv 8-19 zu gewinnen sucht; und darin wäre dann die Umstellung der Aussagen von v 6 begründet.

Wir wenden uns nun der Analyse des Stückes 6, 8-19 zu, für dessen Traditionscharakter im ganzen schon Gründe angeführt worden sind[50]. Ein als Prophetenwort ausgewiesenes Zitat — die Aufforderung, in das gute, von Milch und Honig fließende Land zu gehen — gibt vv 8-19 das Thema, das in drei Auslegungsgängen abgehandelt wird. Da diese keinen notwendigen Zusammenhang bilden, dürfte es sich bei ihnen kaum um eine ursprüngliche Einheit handeln[51]. In v 9 wird das Zitat christologisch ausgelegt: Die den Israeliten gegebene Aufforderung, in das Land hineinzugehen, bedeutete für sie, auf den im Fleisch offenbar werden sollenden Jesus zu hoffen. Diese Auslegung gilt als ,,Gno-

---

[48] S. o. S. 14f.
[49] Vgl. o. S. 23f.
[50] S. o. S. 16.
[51] Die Einheit von 6, 8-19 will Dahl erweisen (62), was ihm jedoch nicht gelungen sein dürfte. Er beachtet nicht v 10 im Zusammenhang mit anderen Bemerkungen ähnlicher Art, die immer Nähte anzeigen. Die Bestreitung einer Inkohärenz zwischen v 9 und vv 10ff (68) überzeugt ebensowenig wie die Behauptung, Glaube und Wort in v 17 bezögen sich auf den inkarnierten Herrn und die letzten Worte von v 19 zeigten, Barnabas habe nicht aus dem Blick verloren, daß das verheißene Land den inkarnierten Herrn bezeichnet (68). Die Frage in v 17a ist keine Wiederholung der Frage von v 10a (64). Letztere ist schon in v 13 und dann noch einmal in v 16 beantwortet worden, während v 17 eine neue Frage stellt, die eine neue Antwort erhält. — Auch Barnard hält 6, 8ff für ein einheitliches Stück. Jedenfalls behandelt er diesen Passus so in seinem Aufsatz ,,A Note on Barnabas 6, 8-17". Was aber hier geschieht, ist ein Herauspflücken einzelner Stellen, die interpretiert bzw. mit Hypothesen belastet werden. Das Stück als ganzes kommt gar nicht in den Blick, worauf schon die seltsame Abgrenzung mit v 17 hinweist.

sis". Derselbe Gebrauch von Gnosis findet sich in 9, 8, einer Stelle, an der Barnabas selbst eine Auslegung gibt[52]. Bedenkt man weiter, daß allein 6, 9 die Verbindung mit dem vorangehenden Kontext herstellt[53], so legt sich die Annahme nahe, daß hier Barnabas selbst formuliert. Ganz offensichtlich tut er das in den Sätzen v 10b[54], die sich auf die in v 9 gegebene Auslegung zurückbeziehen müssen; denn „ein Rätselwort auf den Herrn"[55] ist der Prophetenspruch nur nach v 9, nicht aber nach vv 11ff. Weil also die Auslegung von v 9 nicht nur die Verbindung zum Briefkontext herstellt, sondern zum anderen auch auf die Ad-hoc-Bildung in v 10 bezogen ist, dürfte auch sie ad hoc entstanden sein. Daß Barnabas schon zwischen beide die Wiederaufnahme des Zitates und die Frage nach seiner Bedeutung stellt (v 10a), womit er den zweiten Auslegungsgang vorbereitet, ist wohl seiner Vorliebe für die Ineinanderschachtelung einzelner Stücke zuzuschreiben. Die Verse 9 und 10 sind also ein für den Brief gemachter Einschub.

Der zweite Auslegungsgang (vv 11-16) hat zum vorangehenden Kontext keine Beziehung; er ist ekklesiologisch orientiert und dürfte deshalb traditionell sein. V 11 gibt thetisch die Auslegung des Zitates von v 8[56], die in zwei Beweisgängen begründet wird (vv 12f: Korrespondenz von Schöpfung und eschatologischer Neuschöpfung, vv 14-16: das Herz des Christen als ein Tempel des Herrn). Der letzte Satz von v 16 faßt das Ergebnis zusammen: „Also sind wir es, die er in das gute Land hineingeführt hat", und indem er so dem den Anfang bildenden Themazitat korrespondiert, gibt er sich deutlich als ursprünglicher Schluß des Traditionsstückes zu erkennen.

V 17 aber folgt ein neuer Ansatz, indem noch besonders nach der Bedeutung von zwei Worten des Zitates, nämlich Milch und Honig, gefragt wird. Sie entsprechen „dem Glauben an die Verheißung und dem Wort" als Anfangsnahrung der Christen während ihrer Erdenzeit. Der dritte Auslegungsgang dient also — und das machen die Verse 18

---

[52] S. o. S. 17 und u. S. 36.

[53] In v 14 meint die Wendung „im Fleisch offenbar werden" — wie der Kontext zeigt — etwas anderes als in 6, 7. 9, nämlich die Einwohnung Christi in den Herzen der Christen.

[54] S. o. S. 16.

[55] Als zweite Möglichkeit, die Wendung παραβολὴ κυρίου zu verstehen, gibt Windisch einen Bezug auf das Folgende an, das dann als Zitat gedacht sei, so daß die Wendung als „Rätselspruch des Herrn" zu übersetzen ist (335). — Doch ist nicht einsichtig, wieso die folgende Frage eine παραβολή sein soll.

[56] V 11 schließt glatt an v 8 an, wenn man annehmen darf, daß das Zitat ursprünglich nur mit τί λέγει eingeleitet wurde. ὁ ἄλλος προφήτης αὐτοῖς ist von v 7 und der Auslegung v 9 her als Zufügung des Barnabas verständlich.

und 19 noch deutlicher — der Unterstreichung des eschatologischen
Vorbehalts. Die Wendung αἰσθάνεσθαι ὀφείλομεν in v 18 (vgl. 2, 9. 10)
und die Konstruktion mit ὅτι ... οὕτως ..., die in 7, 11, wo ebenfalls
eine Erweiterung vorliegt, eine Parallele hat, weisen darauf hin, daß
vv 17-19 von Barnabas selbst stammen. Nichts aber spricht — anders
als bei vv 9f — für eine Ad-hoc-Bildung. Gehen also die Verse 17-19
zwar wahrscheinlich auf Barnabas zurück, so lagen sie ihm doch bei
Abfassung des Briefes schon mit dem Traditionsstück 6, 8. 11-16 verbunden als fertige Größe vor.

Überblicken wir den Abschnitt 5, 5—7, 2, so zeigt sich, daß das
Traditionsstück 5, 5-7. 11b-13 (6, 6?). 14; 6, 1-4; 7, 2 den Grundstock
bildet, in das Barnabas vor allem ein zweites, nämlich 6, 8. 11-16
(17-19), einarbeitet, wobei er die Nahtstellen wiederum mit besonders
auffälligen Ad-hoc-Bildungen anzeigt (6, 5; 7, 1). Sie sind also redaktionelle Mittel, mit deren Hilfe Barnabas Traditionen ineinander-
arbeitet. Solche Sätze begegnen in den folgenden Kapiteln nicht mehr.
Darin darf man einen Hinweis darauf sehen, daß dort die Redaktion
des Barnabas anders vorgeht, daß er nicht mehr Traditionen schachtelt, sondern sie der Reihe nach vorträgt.

d) 7, 3-11

Indem Barnabas den Schluß des in 5, 5 begonnenen Traditionsstückes erst nach 6, 8-19 und dem redaktionellen Satz 7, 1 in 7, 2
bringt, hat er damit zugleich den Übergang zu einem neuen Stück
ähnlicher Thematik vorbereitet, das er mit ἀλλὰ καί anschließt: „und
nicht nur dies, sondern auch"[57]. Das allgemeine Thema des Leidens
Jesu ist beibehalten, das auch in c 8 noch fortgeführt wird. 8, 1 bildet
jedoch einen — allerdings nicht scharf betonten — Neueinsatz, während innerhalb 7, 3-11 ein solcher nicht zu finden ist, wenn auch diese
Verse wohl keine ursprüngliche Einheit bilden: Das in v 3a angegebene
Thema kommt v 5 zu seinem Abschluß, während es in v 3d.e nicht
behandelt wird; auch die Verse 6ff nehmen darauf keinen Bezug, behandeln aber ein Ereignis, das im selben Zusammenhang (nämlich des
Versöhnungstages) steht wie das den Versen 3-5 zugrunde liegende.
Dieser Überblick scheint also darauf hinzuweisen, daß das Stück 7, 3-11
in seiner jetzigen Gestalt nicht einheitlich konzipiert, sondern aus
einem Grundbestand heraus allmählich entstanden ist. Dem soll nun
in der Einzelanalyse nachgegangen werden.

---

[57] S. Bauer, WB[5], s. v. 3.

V 3 a gibt eine Art Überschrift: „Bei der Kreuzigung wurde er mit Essig und Galle getränkt". Es folgt eine Ankündigung dessen, was dargelegt werden soll: „Hört, wie hierüber die Tempelpriester Offenbarung gegeben haben!" Die Ausführung beginnt damit, einen bedeutungsvollen Widerspruch festzustellen: Obwohl es bei Todesstrafe verboten ist, am Versöhnungstag[58] nicht zu fasten, ἐνετείλατο κύριος. Man erwartet nach diesem Ansatz eine dem Fastengebot entgegenstehende Anordnung, die aber das unmittelbar Folgende nicht bringt, das vielmehr den Zusammenhang sprengt und wohl für einen Einschub zu halten ist; darauf werden wir zurückkommen. Die erwartete und durch den Ansatz in v 3 c notwendige Anordnung folgt in v 4, der glatt an v 3 c anschließt[59]: Allein alle Priester sollen am Versöhnungstag das Eingeweide des für die Sünden dargebrachten Bockes ungewaschen mit Essig essen. V 5 fragt mit πρὸς τί; nach der Bedeutung dieser Anordnung und gibt die Antwort in der Form eines Jesuswortes: „Da ihr mir, der ich für die Sünden meines neuen Volkes mein Fleisch darbringen werde, Galle mit Essig zu trinken geben werdet, eßt ihr allein, während das Volk fastet und in Sack und Asche trauert". Damit ist die in v 3 a angegebene Überschrift aufgenommen und das dort begonnene Thema abgeschlossen. Es folgt aber noch ein nicht glatt anschließender Finalsatz in der 3. Pers. sing.: „damit er zeige, daß er von ihnen leiden muß", der in seiner Allgemeinheit einen über die Themastellung hinausgehenden Zweck der Anordnung in v 4 angibt und sich so — wie durch den holprigen Anschluß an ein abgeschlossenes Stück — als sekundär erweist. Er dürfte von Barnabas selbst stammen, der mit ihm 7, 3-5 in einen Zusammenhang mit der in 5, 5 bis 7, 2 benutzten Grundlage stellt (5, 5: ... ὑπὸ χειρὸς ἀνθρώπων παθεῖν).

Die logische Verbindung von v 3 a-c zu v 3 d ist nicht durchsichtig[60]. V 3 d ist eine Dublette zum Anfang von v 5: „da auch er für unsere Sünden das Gefäß des Geistes als Opfer darbringen wollte". Höchst auffällig ist das „auch". Es setzt ein anderes Opfer für die Sünden voraus, von dem aber erst in v 4 die Rede ist. Indem aber v 3 d das

---

[58] ἡ νηστεία hat hier den Sinn von „Versöhnungstag"; vgl. Windisch 343.
[59] Die jetzt v 4 einleitende Zitationsformel dürfte erst mit dem Einschub v 3 d. e hinzugefügt worden sein.
[60] Folgende Möglichkeit kann erwogen werden: Als Objekt des ἐνετείλατο in v 3 c ist das Tränken Jesu mit Essig und Galle von v 3 a zu ergänzen: Das hat der Herr trotz des Fastengebotes befohlen, wobei die Gleichung Versöhnungstag = Karfreitag vorausgesetzt wäre. Da er das Fastengebot gebrochen hat, mußte er sterben; das wollte er, „weil auch er für unsere Sünden" usw. (v 3 d).

Folgende voraussetzt, nur künstlich mit dem Vorangehenden in einen Gedankengang gebracht werden kann, andererseits aber den Zusammenhang zwischen v 3c und v 4 sprengt und schließlich eine Dublette zu v 5a ist, gibt er sich deutlich als sekundärer Einschub zu erkennen, der mit v 3e zusammen vorgenommen wurde um der Erwähnung des „an Isaak geschehenen Typos" willen. Daß dieser Einschub erst für den Brief oder vorher von Barnabas formuliert wurde, ist durch nichts angezeigt. Es handelt sich also wahrscheinlich um eine vorbriefliche Erweiterung von fremder Hand.

Mit dem Zitat von v 6 beginnt eine neue Abhandlung; aber die einleitende Zitationsformel, die das ἐνετείλατο von v 4 aufnimmt, schließt sie eng an das Vorangehende an. Auch sachlich besteht eine enge Beziehung; wie in vv 3-5 wird ein Ritus des Versöhnungsfestes behandelt: Das Zitat in v 6 führt die bekannten beiden Böcke an. Obwohl auch der erste im folgenden noch zweimal Erwähnung findet (vv 9. 10), wird doch nur der zweite, der „verfluchte", interpretiert, der sowohl den leidenden Jesus (vv 7f) als auch den wiederkommenden (vv 9f) anzeigt. Von daher sind Frage und Antwort in v 10 nicht recht einsichtig[61]. Oder hat derjenige, der vv 6ff an v 5 anschloß, den ersten Bock mit dem von v 4 identifiziert? Wie dem auch sei, daß vv 6ff Barnabas schon vorgegeben waren, läßt sich aus einer anderen Erwägung wahrscheinlich machen. Am Ende von v 10 steht eine zusammenfassende Bemerkung, die von Barnabas ad hoc formuliert worden ist: „Siehe also den Typos des leiden sollenden Jesus!" Denn obwohl im Vorangehenden von Jesus auch als dem Weltenrichter die Rede war, wird hier in einer Zusammenfassung allein sein Leiden herausgestellt, woran Barnabas vom weiteren Briefkontext her interessiert war. Indem aber das Stück vv 6-10 über des Barnabas eigene Zusammenfassung hinausschießt, erweist es sich als traditionell. Wahrscheinlich hat es Barnabas schon mit vv 3-5 verbunden vorgefunden, da es durch keine, ihm eigentümliche, redaktionelle Überleitung angeschlossen ist. Ob es aber eine ursprünglich selbständige Einheit bildete oder als Erweiterung des vv 3-5 zugrunde liegenden Stückes entstanden ist, muß offen bleiben[62].

Auf Barnabas scheint schließlich v 11 zurückzugehen. Genau wie in 6, 17 wird hier noch ein Einzelzug ausgelegt, und zwar in der formal

---

[61] Dieselbe Unklarheit findet sich bei Justin, Dial. 40. Daraus ist zu schließen, daß Justin von Barnabas bzw. seiner Tradition abhängig ist.

[62] Die Parallele bei Justin, Dial. 40, entscheidet nicht, da Justin von Barnabas oder seiner Tradition abhängig ist (vgl. vorige Anmerkung).

selben Weise: Das, nach dessen Bedeutung gefragt wird, erfährt zunächst mit einem ὅτι-Satz noch eine Explikation in sich selbst, bevor
die darauf bezogene Auslegung in einem mit οὕτως eingeleiteten Satz
folgt, der 7, 11 wieder wie in 7, 5 die Form eines Jesuswortes hat. Für
Barnabas als Autor von 7, 11 spricht auch der Gebrauch des in der
urchristlichen Literatur seltenen κυριεύειν, das noch 6, 18 und 21, 5[63],
also auch Barnabas zugehörigen Stellen, begegnet. Diese Erweiterung
um v 11 ist wohl keine Ad-hoc-Bildung, da an dieser ekklesiologischen
Deutung vom christologisch orientierten Briefkontext her kein un-
mittelbares Interesse besteht.

Somit ergibt sich für 7, 3-11: VV 3-5 liegt ein traditioneller Grundbestand vor, in den schon vor Abfassung des Briefes v 3d. e eingeschoben wurde, während Barnabas ad hoc eine Erweiterung am Schluß
anbrachte. Auch bei dem Stück vv 6-10, das ihm wohl schon mit vv 3-5
verbunden vorlag, stammt der letzte Satz von ihm, ebenso die Auslegung eines Einzelzuges in v 11, die ihm aber schon vor Abfassung
des Briefes geläufig war.

e) 8, 1-7

In 8, 1 liegt ein neuer Einsatz vor, der aber nicht scharf vom Vorangehenden abgehoben ist. Es geht wieder um den Typos eines Opferritus, nämlich um den der Roten Kuh, und wie in 7, 3. 6 wird dessen
Wiedergabe mit einer Form von ἐντέλλομαι eingeleitet. An einer Stelle
— nach der Erwähnung, daß rote Wolle um ein Holz gewickelt wird —
ist sie durch einen Hinweis unterbrochen: ,,Siehe, wiederum der Typos
des Kreuzes und die rote Wolle!" Von der roten Wolle war vorher in
7, 8. 11 die Rede und vom Holz (= Kreuz) in 5, 13. Das bedeutet, daß
dieser Hinweis vom Briefschreiber stammen muß. Da aber durch ihn
die ihm folgenden Worte καὶ τὸ ὕσσωπον nachhinken, wirkt er wie ein
Einschub in einen vorgegebenen Text, womit ein erstes Anzeichen für
den Traditionscharakter von 8, 1ff gegeben ist.

Zwischen der Wiedergabe des Ritus, die unter der Frage steht,
welcher Typos darin liegt, und der Antwort darauf steht eine Aufforderung, die wohl von Barnabas herrührt: ,,Merkt, wie einfach er
zu euch spricht!" Die Betonung der Einfachheit erinnert an 17, 1 und
6, 5. Doch anders als in 6, 5 paßt die Bemerkung hier in den Kontext.
Ihr folgen in vv 2f drei bloße Gleichsetzungen: das Kalb = Jesus,
die opfernden Männer = diejenigen, die Jesus zur Schlachtung führ-

---

[63] Die Wendung in 21, 5 ὁ τοῦ παντὸς κόσμου κυριεύων könnte allerdings formelhaft
sein; vgl. Herm sim 9, 23.

ten[64], die besprengenden Knaben = „die uns die Sündenvergebung und die Reinigung des Herzens verkündigen, denen er die Macht gab, das Evangelium kundzutun". Bei dieser dritten Identifikation weist zunächst nichts darauf hin, daß die Evangeliumsverkünder auf eine bestimmte Gruppe eingeschränkt sind; im Gegenteil scheinen die Allgemeinheit der Formulierung und das ἡμῖν den Kreis ziemlich weit zu ziehen und alle christlichen Prediger in Vergangenheit und Gegenwart einzuschließen. Ein eingefügter Nebensatz aber sagt, daß „es zwölf sind zum Zeugnis der Stämme, da Israel zwölf Stämme hat". Diese Einschränkung der Evangeliumsverkünder auf die Zwölf wird weder von ihrer vorangehenden Kennzeichnung noch auch von der interpretierten Textstelle (παιδία) nahegelegt. Es wird sich daher bei ihr um eine sekundäre Erweiterung handeln, zumal sie einen Gedanken einträgt („zum Zeugnis der Stämme"), der zum Kontext, in dem Daten des Ritus mit christlichen Daten identifiziert werden, in keiner Beziehung steht. Ist aber dieser Satz sekundär, erweist er das ihm Vorangehende als traditionell.

Ebenfalls als sekundär ist der ganze v 4 zu beurteilen, in dem zunächst eine neue, ziemlich überraschende Frage gestellt wird, warum es *drei* Knaben seien, die besprengen; denn von einer bestimmten Anzahl war in 8, 1 keine Rede, während die Einfügung in v 3 die Zahl 12 voraussetzt[65]. Überraschend ist auch die Antwort: „Zum Zeugnis für Abraham, Isaak, Jakob, weil diese groß sind bei Gott"; denn gemäß der Ausgangsfrage in v 1 sollte nach „Typen" gesucht werden. Formal entspricht die Antwort in v 4 der Einfügung in v 3; beiden gemeinsam ist auch der Bezug auf „Alt-Israelitisches". Wahrscheinlich ist der Autor von v 4 durch die Einfügung in v 3 zu seiner Zugabe inspiriert worden, ohne daß ihn die Konkurrenz der Zahlen störte. Damit liegt hier ein sukzessives Anwachsen der Tradition vor.

Auch bei den Versen 5 und 6 kann es sich um nachträgliche Erweiterungen handeln; anders als in vv 2f, aber wie in v 4 werden zunächst mit ὅτι δέ bzw. διὰ τί δὲ Fragen nach der Bedeutung von

---

[64] Dieser Identifizierung folgt eine schwierig zu verstehende Bemerkung, die deshalb auch schon oft als Glosse ausgeschieden worden ist: εἶτα οὐκέτι ἄνδρες, οὐκέτι ἁμαρτωλῶν ἡ δόξα. Vielleicht kann man sie so verstehen: Diejenigen, die Jesus getötet haben, sind kollektiv als „die Juden" verstanden und diese kollektiv als Sünder. Wenn es mit ihnen und ihrer Herrlichkeit „danach" vorbei ist, ist damit wohl auf die Katastrophe des Jahres 70 angespielt, die dann als Straffolge für die Tötung Jesu gedacht wäre.

[65] Vgl. schon J. Weiß: „Die Behauptungen, daß die παῖδες ῥαντίζοντες drei an der Zahl zu Ehren der heiligen drei Patriarchen gewesen und daß sie zu zwölf auf die Stämme Israels hingewiesen hätten, schließen einander aus" (65).

Einzelzügen des v 1 erzählten Opferritus gestellt. Die Antworten betreffen jetzt jedoch christliche Daten. Ein eindeutiges Urteil über vv 5f ist m. E. kaum zu gewinnen; aber von dem her, was wir an v 3 und v 4 beobachtet haben, scheint es mir am wahrscheinlichsten zu sein, daß vv 1 (ohne den Hinweis ἴδε κτλ.). 2 (ohne νοεῖτε — ὑμῖν) und v 3 (ohne οὖσιν — Ἰσραήλ) ein ursprüngliches Traditionsstück bildeten, das im Laufe seiner Überlieferung allmählich erweitert wurde. Daß eine dieser Erweiterungen — außer der Einfügung in v 1 und vielleicht dem ersten Satz in v 2 — erst von Barnabas bei Abfassung seines Briefes hinzugefügt wurde, ist durch nichts angezeigt; 8, 1-6 ist ein in sich verständliches Stück.

Die Bemerkung in 8, 7, daß die geschilderten Tatbestände zwar „uns" in der angegebenen Weise offenbar, „jenen" aber dunkel sind, „weil sie nicht die Stimme des Herrn gehört haben", bezieht sich auf den ganzen Komplex 7, 3—8, 6 zurück und bildet zugleich die Überleitung zu c9; schließlich wird sie in 10, 12 wieder aufgenommen. Sie ist also ein redaktionelles Mittel des Barnabas, mit dem er in diesem Briefteil seine Traditionen verbindet.

f) 9, 1-9

9, 1a schließt direkt an 8, 7 an. War dort nach der Feststellung, daß das „so Geschehene uns offenbar, jenen aber dunkel ist", letzteres sogleich begründet worden — „weil sie nicht die Stimme des Herrn gehört haben" —, so wird hier nun ausgeführt, warum es „uns" offenbar ist: weil „er" unsere Ohren und Herzen beschnitten hat. Auch wenn — wie Apg 7, 51 zeigt — Herzens- und Ohrenbeschneidung zusammengehören können, so erscheint die Formulierung von v 1 doch sehr merkwürdig: „Denn wiederum spricht er über die Ohren, wie er unser Herz beschnitten hat"[66]. Dieser Eindruck wird unterstrichen, wenn wir die folgenden acht Zitate überblicken. In sieben von ihnen ist von Beschneidung keine Rede, sondern nur vom Hören; gemeinsam ist ihnen auch — ausgenommen natürlich das erste Zitat —, daß in ihren Zitationsformeln stereotyp ein πάλιν wiederkehrt. Es fehlt in der des dritten Zitates, das zunächst nur mit καί an das zweite angeschlossen ist; es folgt dann aber noch nach dem ersten Wort ein λέγει κύριος[67]. Fällt somit dieses Zitat schon durch seine Einleitung

---

[66] PV versuchen diese Merkwürdigkeit durch Einfügen von καί vor τὴν καρδίαν zu mildern.

[67] Das schließt m. E. die Annahme aus, das zweite und dritte Zitat seien hier als ein Zitat verstanden worden.

aus der übrigen Reihe heraus, so erst recht durch seinen Inhalt, da es
als einziges von der Beschneidung redet, und zwar der der Herzen:
„Beschneidet eure Herzen!"[68] Dieses Zitat stellt die Verbindung mit
v 1 a her, der als Fortsetzung der redaktionellen Bemerkung 8, 7 Barnabas zuzuschreiben ist. Aus den angestellten Beobachtungen ergibt
sich somit folgender Schluß: Barnabas benutzt eine unter dem Stichwort „Hören" zusammengestellte Zitatensammlung, in die er selbst
ein Zitat von der Herzensbeschneidung einfügt, um sie seiner Absicht
dienstbar machen zu können, die in dem Nachweis besteht, daß „wir"
aufgrund der Herzens- und Ohrenbeschneidung die Stimme des Herrn
hören[69]. Der letzte Satz von v 3 gibt eine abschließende Zusammenfassung; da sie sich auf 8, 7; 9, 1 a bezieht, dürfte sie ad hoc von Barnabas gebildet sein. Damit haben wir hier in 9, 1-3 einmal den Fall
angetroffen, daß Barnabas eine unkommentierte Zitatensammlung
benutzt.

Daß er innerhalb seiner Argumentation in 9, 1-3 vom Beschnittensein der Christen geredet hat, veranlaßt Barnabas, im folgenden grundsätzlich zur jüdischen Beschneidung Stellung zu nehmen. Als in sich
verständliche Einheit heben sich zunächst die Verse 4-6 ab. Die Überleitung zu diesem Stück gewinnt Barnabas mit den Worten ἀλλὰ καί,
die uns schon 7, 3 begegneten; es scheint sich also bei ihnen um eine
redaktionelle Übergangswendung zu handeln. V 4 bringt grundsätzliche Feststellungen, denen in v 5 — wohl als Begründung gedacht —
Zitate folgen. Innerhalb des ersten Zitates findet sich ein Einschub —
„hier finde ich ein Gebot" —, der auf Barnabas zurückgehen dürfte.
V 6 nimmt schließlich einen Einwand auf, dem sofort einige Tatbe-

---

[68] ἀκοάς bei P und aures bei L ist Angleichung an den Kontext.

[69] Stegemann (151 f) meint, Barnabas habe das Zitat von der Herzensbeschneidung
schon in der Sammlung vorgefunden, ja gerade dieses Zitat habe ihn erst veranlaßt,
die Sammlung überhaupt aufzunehmen. Schon der Sammler von 9, 1-3 habe „sein
Material aus einer Quelle geschöpft ..., in der beide Zitate (aus nicht mehr feststell-
barem Grunde) aufeinanderfolgten". Damit ist das Problem um zwei Stufen zurückgeschoben, ohne gelöst worden zu sein. Nimmt man aber an, das dritte Zitat sei erst
von Barnabas eingefügt, kann sein Vorkommen in 9, 1-3 erklärt werden: Barnabas
will in 9, 1 ff aus der Schrift begründen (λέγει γάρ), daß „wir" im Gegensatz zu den
Juden verstanden, richtig gehört haben. Die Ermöglichung rechten Hörens erblickt
er in der geistig verstandenen Beschneidung. Deshalb fügt er in eine Zitatensammlung unter dem Stichwort „Hören" ein Zitat von der Herzensbeschneidung ein —
ein Zitat von der Ohrenbeschneidung stand ihm nicht zur Verfügung. In LXX werden
die Ohren nur in Jer 6, 10 mit der Beschneidung in Zusammenhang gebracht, allerdings in negativer Formulierung: „Siehe, ihre Ohren sind unbeschnitten". Wahrscheinlich hat Barnabas dieses Zitat gar nicht gekannt; andernfalls hätte er es sich
kaum am Ende von 8, 7 oder in 9, 5 entgehen lassen, wo es gut hingepaßt hätte.

stände entgegengestellt werden und den dann eine Schlußfolgerung ad absurdum führt. Dieser folgt aber noch ein Nachtrag, der sachlich zu den vorher aufgezählten Tatbeständen gehört[70]. Das Nachklappen dieses Satzes macht es wahrscheinlich, daß es sich bei ihm um eine Ad-hoc-Bildung des Barnabas handelt. Da dieser Nachtragssatz nun eher gegenüber einem schon vorliegenden Text verständlich ist als bei durchgehender eigener Formulierung, ist das Stück vv 4-6 für traditionell zu halten.

Sicher aus der eigenen Feder des Barnabas ist das folgende Stück vv 7 f geflossen. Das hatten wir schon bei der Besprechung von 9, 9 vermutet[71], und dafür lassen sich nun aus vv 7 f selbst weitere Argumente anführen. Nach der grundsätzlichen Stellungnahme zur jüdischen Beschneidung legt Barnabas nun dar, wie der erste, von Abraham ausgeübte Beschneidungsakt zu verstehen ist. Die Anrede τέκνα ἀγάπης in der Einführung des Stückes hat ihre Parallele im Schlußkapitel (21, 9); sehr ähnlich ist auch die Anrede in dem redaktionellen Satz 7, 1: τέκνα εὐφροσύνης. Obwohl es um eine Spezialfrage geht, schreibt Barnabas περὶ πάντων; ein ähnlich übertreibendes πάντα fand sich ebenfalls in 7, 1. Außer zweimal in der Zwei-Wege-Lehre (19, 2; 20, 2) begegnet πλούσιος nur noch im Anfangskapitel(1, 2. 3. 7) und hier in 9, 7. Ähnlich verhält es sich mit δηλοῦν, das außer in 9, 8 nur noch im Rahmen vorkommt (17, 1). Schließlich ist die 9, 8 gestellte Frage: τί οὖν ἡ δοθεῖσα αὐτῷ γνῶσις; der von 6, 9, einer ad hoc formulierten Stelle, sehr ähnlich: τί δὲ λέγει ἡ γνῶσις. Alle diese Beobachtungen erweisen vv 7 f als Einfall des Barnabas. Daß er noch sehr neu und für diesen Brief ersonnen ist, zeigt v 9 b. Weil nun in vv 7 f so deutliche Hinweise auf die Hand des Barnabas vorliegen, während sie im unmittelbar vorangehenden Stück vv 4-6 fehlen, wird damit die Annahme verstärkt, daß dieses Barnabas schon vorlag.

g) 10, 1-12

Die redaktionellen Bemerkungen in 10, 12 ordnen c 10 der Thematik von 8, 7; 9, 1-3 zu, wodurch die Ausführungen in 9, 4-9 als Exkurs ausgewiesen werden. Demnach soll c 10 ein Beispiel für das Unverständnis der Juden und für das durch die Ohren- und Herzensbeschneidung ermöglichte Verstehen der Christen sein. Daß aber dieses Kapitel nicht

---

[70] Bei L steht dieser Nachtrag innerhalb der Aufzählung vor der Schlußfolgerung. Aber L verdient an dieser Stelle kein Vertrauen. Die Übersetzung nimmt v 6 seine eigentümliche Schärfe, was auch die syntaktische Verbindung von v 7 mit v 6 zeigt.

[71] S. o. S. 16f.

einheitlich konzipiert ist, sondern daß ein traditioneller Grundbestand Erweiterungen erfahren hat, wird ein Überblick zeigen.

Das Zitat in v 1 nennt aus jeder Gruppe von Tieren (Land-, Luft- und Wassertiere) solche, die zu essen verboten sind. Als Moses dies anordnete, „nahm er drei Weisungen im richtigen[72] Verständnis auf". Damit ist von vornherein ein wörtliches Verständnis ausgeschlossen. V 2 führt das expressis verbis aus und begründet es mit einem Schriftwort. Auffällig ist nun aber, daß dieser Vers mit der sonst seltenen, bei Barnabas aber öfter begegnenden[73] Wortverbindung πέρας γέ τοι angeschlossen wird, mit der er in 5, 8 ein Zwischenstück eingeschoben hatte; es handelt sich also um eine redaktionelle Übergangswendung. Sodann bildet v 2 eine Dublette zu dem zusammenfassenden v 9. Daher dürfte es sich bei v 2 um einen Einschub des Barnabas handeln, der damit das schon mit ἐν τῇ συνέσει Angezeigte, daß es um ein geistiges Verstehen geht, von vornherein deutlich dargelegt.

Die Verse 3-5 nehmen die im Zitat v 1 genannten Tiergruppen einzeln auf und zeigen, wie das Verbot, sie zu essen, verstanden werden will. Der Wiederaufnahme des Teilzitates folgt jeweils — mit φησίν angeschlossen — die Auslegung, jedesmal im selben Schema: Gleiche nicht solchen Menschen und hänge ihnen nicht an, die das und das tun, wie auch dieses Tier bzw. diese Tiere das und das tun. Dabei geht es in vv 3-5 nicht so sehr um bestimmte Verfehlungen und Einzelsünden, sondern es werden Typen recht grundsätzlicher Art herausgestellt, die zudem unverkennbar eine Steigerung bilden: Nur in der Not Fromme — Scheinheilige — Gottlose und schon Verdammte. Daher muß es überraschen, wenn nun in vv 6-8 noch drei einzelne Tiere als zu essen verboten aufgezählt werden und ihre Auslegung bestimmte Einzelsünden — in allen drei Versen sexuelle Verfehlungen — namhaft macht. Zudem weicht das Auslegungsschema von dem vv 3-5 vorgefundenen ab: Werde nicht so und so einer, noch gleiche solchen bzw. hänge ihnen an, denn dieses Tier macht das und das. Weiter beginnen alle drei Verse im Unterschied zu den vorangegangenen mit ἀλλὰ καί bzw. ἀλλὰ οὐδέ, also einer Barnabas eigentümlichen Übergangswendung (vgl. 7, 3; 9, 4; 9, 6 Ende). Somit können vv 6-8 als eine Erweiterung des Barnabas gelten, dem dann vv 1. 3-5 schon vorlagen. Der Zusatzcharakter von vv 6-8 wird durch v 9 vollends offenkundig: Indem er aus v 1 die Worte τρία δόγματα auf-

---

[72] ἐν τῇ συνέσει muß hier so prononciert übersetzt werden; andernfalls wäre diese Wendung überflüssig.

[73] Außer an dieser Stelle noch 5, 8; 12, 6; 15, 6. 8; 16, 3. In der urchristlichen Literatur ist sonst nur noch vergleichbar πέρας γοῦν in MartPol 16, 1.

nimmt und resümiert, daß Moses „so" geistlich geredet habe, die Juden aber fleischlich verstanden, schließt er unter Ignorierung von vv 6-8, durch die die Zahl der „Weisungen" ja auf sechs erhöht worden war, unmittelbar an v 5 an und bringt die v 1 begonnene Erörterung zu einem Abschluß, so daß sich als traditioneller Grundbestand die Verse 1. 3-5. 9 ergeben.

V 10 knüpft an v 9 an, indem von David ausgesagt wird, daß auch er die „drei Weisungen" kenne, was ein Zitat von Ps 1, 1 belegen soll, dessen drei Kola — etwas gekünstelt — auf die in vv 3-5 genannten Tiere und die damit gemeinten Menschengruppen bezogen werden. Es liegt hier also eine Erweiterung vor, die aber schon erfolgt sein muß, bevor Barnabas vv 6-8 einschob, da auch sie nur „drei Weisungen" voraussetzt.

Obwohl der letzte Satz von v 10 abschließend feststellt: ἔχετε τελείως καὶ[74] περὶ τῆς βρώσεως, kommt v 11 sofort wieder auf das Thema der Speisegesetzgebung zurück. Dann kann es sich auch hier wiederum nur um einen weiteren Zusatz handeln. Es werden jetzt die Tierarten ausgelegt, die zu essen erlaubt sind, Wiederkäuer und Spalthufer, wobei die Auslegungsart jeweils verschieden ist. Bei den Wiederkäuern erfolgt sie formal in Analogie zu vv 3-5 und entspricht inhaltlich antithetisch v 3, während auf die Frage nach der Bedeutung des Spalthufers keine Aufforderung, sondern eine mit ὅτι eingeleitete Feststellung folgt — wie in 8, 5. 6. In der Auslegung der Wiederkäuer erscheint vor der zu vv 3-5 analogen Aufforderung eine mit ὅτι eingeleitete Explikation des Auszulegenden, wie wir sie in 6, 17 und 7, 11 angetroffen hatten, Stellen also, die wahrscheinlich Barnabas selbst zugehören, so daß wir auch 10, 11 ihm zuweisen möchten. Dafür sprechen auch die Verwendung der in der Redaktion beliebten Worte εὐφραίνεσθαι, εὐφροσύνη (1, 6. 8; 7, 1; 21, 9) und die zweimalige Bewertung des Tuns Moses als καλῶς, ein Wort, das in ähnlicher Weise auch in v 8 von Barnabas gebraucht wurde. Ob er seine Zusätze zu dem um v 10 erweiterten Traditionsstück in c 10 erst bei der Abfassung des Briefes oder schon vorher gemacht hat, läßt sich nicht entscheiden. Sicher aber ist v 12 für den Briefzusammenhang geschrieben worden, da er sich auf die redaktionellen Stellen 8, 7; 9, 1. 3 zurückbezieht.

Hatte Barnabas in 4, 1—7, 2 Traditionen ineinander geschachtelt, so versuchte er in 7, 3—10, 12 durch die Gegenüberstellung von Un-

---

[74] Das καί muß sich auf andere, vorangegangene Belehrungen im Brief beziehen und dürfte also von Barnabas ad hoc hinzugesetzt sein.

verständnis der Juden und Verstehen der Christen eine Verbindung zwischen den thematisch verschiedenen Traditionsstücken zu gewinnen.

h) 11, 1-11

Die Selbstaufforderung in v 1 a, zu untersuchen, „ob es sich der Herr hat angelegen sein lassen, über Wasser und Kreuz im voraus Offenbarung zu geben", bildet einen betonten Neueinsatz, wie er sich ähnlich stark erst wieder in 13, 1 findet, während 12, 1 wie 11, 1 b eines der beiden in 11, 1 a genannten Themen aufnimmt. Deshalb ist dieser Satz, wenn auch in c 11 an einer Stelle (v 8) beide Themen auftauchen, für eine Überschrift von c 11 und c 12 zu halten, mit der Barnabas verschiedene Themen zusammenfaßt; er ist also der Redaktion zuzuschreiben.

Mit περὶ μὲν τοῦ ὕδατος wiederholt v 1 b zunächst das erste in v 1 a angegebene Thema, engt es aber dann gleich weiter ein: es „steht über Israel geschrieben, wie sie die Sündenvergebung bringende Taufe gewiß nicht annehmen, sondern sich selbst etwas aufbauen werden". Diese Einengung bezieht sich nur auf die Verse 2 f, die die Schriftbegründung für die aufgestellte These liefern sollen. Die folgenden Zitate aber sind einfach nur mit καὶ πάλιν λέγει ὁ προφήτης (v 4) und καὶ πάλιν ἐν ἄλλῳ προφήτῃ λέγει (v 6) angeschlossen, obwohl sie sachlich nicht mit vv 2 f zusammengehören können und obwohl das Zitat von v 6 in v 8 eine Auslegung erfährt, die keinen Zusammenhang mit vv 1 b-3 hat. Das macht es wahrscheinlich, daß Barnabas hier Verschiedenes zusammenstellt und daß ihm die Zitatenkombination vv 2 f mit der einleitenden Kommentierung in v 1 b (ohne περὶ μὲν τοῦ ὕδατος) schon vorgegeben war[75].

Die beiden Zitate in vv 4 f sind schwierig zu verstehen, da sie ohne jeden Kommentar bleiben[76]. Den einzigen deutlichen Bezug zum

---

[75] Derjenige, der v 1 b formulierte, dürfte auch Jer 2, 12 f und Jes 16, 1 f zu einem Zitat zusammengestellt haben; der Ablehnung der Taufe folgt die Strafankündigung. Zur Annahme einer „Testimonienquelle" zwingt nichts (gegen Prigent 92). Die Auslassung der beiden Erwähnungen von ὕδωρ ist nur dann verwunderlich, wenn man annimmt, daß jenem Autor die „Schrift" so vorgelegen haben muß, wie sie uns in der LXX vorliegt.

[76] Vom Zusammenhang her ist am ehesten folgendes Verständnis möglich: Sowohl die Anrede im Singular als auch die im Plural meint die Christen; denn in v 5, wo ein Wechsel im Numerus (schon an der Ursprungsstelle des Zitates) stattfindet, ist ein Wechsel der angeredeten Person durch nichts sonst angezeigt. Den Christen gelten die hier ausgesprochenen Verheißungen. Eine tendenziöse Änderung (des Barnabas ?)

Thema des Kapitels bildet das Wort ὕδωρ in v 5, das ja — wie v 1 zeigt — für Barnabas „Taufwasser" bedeutet. Dann aber muß er das Zitat in v 4 schon in Verbindung mit dem in v 5 vorgefunden haben, so daß sie ihm als ein Zitat galten, wie ja auch nur ein bloßes καί zwischen ihnen steht. Hier also hat man Anlaß zu der Annahme, daß Barnabas aus einer Zitatensammlung schöpft. Über deren ursprüngliche Form und Tendenz Aussagen zu machen, muß aufgrund dieser schmalen Basis jedoch ein sehr hypothetisches Unternehmen bleiben[77].

Das Zitat in vv 6f stimmt wörtlich mit LXX Ps 1, 3-6 überein — bis auf die Einfügung von ὁ ταῦτα ποιῶν nach ἔσται. Da das Zitat sonst genau ist, muß es sich hier um eine bewußte Hinzufügung handeln. Sie erklärt sich leicht von daher, daß Barnabas mit ihr dieses Zitat mit dem Vorangehenden verknüpft; ὁ ταῦτα ποιῶν muß sich auf μελετήσει φόβον κυρίου beziehen. Dieselben Worte gebraucht Barnabas 21, 1, um seine Folgerungen an die Zwei-Wege-Lehre anzuschließen. Wie der Kommentar in v 8 zeigt, zitiert Barnabas deshalb Ps 1, weil in ihm die Worte ὕδωρ und ξύλον vorkommen. Das macht gleich der einleitende Hinweis deutlich: „Bemerkt, wie er das Wasser und das Kreuz zugleich bestimmt hat!" Da hier v 1a aufgenommen und die Gleichung ξύλον = Kreuz vorausgesetzt wird, die Barnabas in 8, 1 sofort nach der Erwähnung von ξύλον betonte, dürfte v 8 von ihm stammen, wofür auch die Wendung πίστις καὶ ἀγάπη (vgl. 1, 4) spricht. Seine Auslegung geht — wie auch in 9, 7f — sehr atomistisch vor; sie greift einzelne Worte auf, ohne den Zusammenhang des Zitates zu beachten. Zu ihr bildet v 11 teilweise eine Dublette; dort wird zwar genauso allegorisiert, aber unter Beachtung des Zitatzusammenhanges. Wahrscheinlich wurde Barnabas von dorther zu seiner Auslegung von Ps 1 angeregt; v 11 nämlich gehört — wie gleich zu zeigen ist — zu einer Tradition, die Barnabas schon vorlag.

V 9 bringt ein weiteres Zitat, dem eine Auslegung folgt. Da weder das Zitat selbst noch die Auslegung einen Bezug zum Thema des Kapitels aufweisen[78], v 9 aber — wie der Anschluß in v 10

---

liegt aber vor in der Umwandlung von ἵνα γνῷς, womit im ursprünglichen Zitat die hier sonst angeredeten Personen gemeint sind, in ἵνα γνῶσιν, womit dann doch wohl andere Personen gemeint sein sollen: Die hier den Christen gegebenen Verheißungen werden in Erfüllung gehen, damit sie (= die Juden) erkennen, ὅτι ἐγὼ κύριος ὁ θεός, und zwar in einem ähnlichen Sinn wie 7, 9f.

[77] Prigents Interpretation von 11, 4f (94f) überzeugt nicht.
[78] Windischs Bemerkung, das Zitat in v 9 gehöre „insofern in die Testimonienreihe als es ... von fruchtbarer Landschaft handelt" (368), ist nur eine Verlegenheitsauskunft.

zeigt[79] — mit vv 10f zusammengehört, ist das ganze Stück vv 9-11 für traditionell zu halten[80]. Möglicherweise handelt es sich nur um ein Fragment.

Barnabas fügt also in c 11 zum Thema Taufe verschiedene kleine Traditionsstücke bzw. -fragmente, bereichert um die eigene Auslegung eines Zitates, aneinander. Der Bezug von v 8 auf den redaktionellen v 1a zeigt an, daß diese Zusammenstellung, wie sie jetzt vorliegt, ihre Gestalt erst bei Abfassung des Briefes erhielt.

i) 12, 1-11

Der Anfang von 12, 1 (ὁμοίως πάλιν περὶ τοῦ σταυροῦ ὁρίζει) nimmt den zweiten Teil der redaktionellen Einleitung von 11, 1 auf und bezieht sich mit dem πάλιν zugleich auf den redaktionellen Vers 11, 8, da auch dort schon vom Kreuz die Rede war. Deshalb stammt dieser Anfangssatz von Barnabas, der mit ihm sagt, daß nun im folgenden Vorausoffenbarungen des Kreuzes gegeben werden sollen. Seine Ankündigung muß sich auf das ganze c 12 beziehen, da die nächste redaktionelle Bemerkung, die ein neues Thema einleitet, erst in 13, 1 erscheint. Aber vom Kreuz wird expressis verbis nur in vv 1-3 gesprochen und in v 4 deutlich darauf angespielt, während in vv 5f die Wendung „Typos Jesu" gebraucht wird, wobei aber immerhin noch an den leidenden Jesus gedacht ist, und in vv 8-11 schließlich weder das Kreuz noch das Leiden Erwähnung findet. Dieser Tatbestand, daß mehr erscheint, als Barnabas selbst ankündigt, legt die Annahme nahe, daß er hier ad vocem Kreuz ein Traditionsstück vollständig zitiert, das zwar auch Aussagen zum Thema Kreuz enthält, dem es aber nicht ausschließlich um den Nachweis von Vorausdarstellungen des Kreuzes geht. Genaueres soll nun die Einzelanalyse ergeben.

In v 1 hat Barnabas wohl nur das Zitat vorgelegen; denn die folgende „Auslegung", die eher eine Feststellung zu nennen ist, dürfte auf ihn zurückgehen: Das πάλιν bezieht sich wie das von v 1a auf 11, 8; ἔχεις findet sich in einer Auslegung in dem auch Barnabas zugehörigen

---

[79] Das εἶτα τί λέγει zeigt, daß der Autor von vv 9-11 das Zitat von v 10 unmittelbar hinter dem Zitat von v 9 vorfand, obwohl in v 9 vermutlich Ez 20, 6 und in v 10 wahrscheinlich Ez 47, 1-12 zugrunde liegt. Er benutzte also eine irgendwie geartete Zitatensammlung.

[80] Anders als in 7, 3 muß τὸ σκεῦος τοῦ πνεύματος in v 9 — jedenfalls im ursprünglichen Traditionsstück — die Gemeinde und nicht den Fleischesleib Christi meinen. Nur so ergibt sich ein Zusammenhang mit vv 10f, wo ekklesiologische Aussagen gemacht werden: „Das Gefäß seines Geistes" ist die Gemeinde, die er durch die Sündenvergebung „verherrlicht".

Stück 9, 7 f; und wie dort und 11, 8 geht hier die Auslegung atomistisch von einzelnen Worten aus[81].

Die Verse 2 und 3 sehen in dem während der Amalekiterschlacht mit ausgebreiteten Armen betenden Mose „einen Typos des Kreuzes und dessen, der leiden soll". Aber mit dieser Feststellung begnügt sich das Stück nicht. Schon in der Wiedergabe der Erzählung heißt es, daß „sie ewig bekriegt werden werden, wenn sie nicht auf ihn hoffen"[82]; und v 3 gibt als Zweck an: „damit sie erkennen, daß sie nicht gerettet werden können, wenn sie nicht auf ihn hoffen". Das Stück bleibt also nicht bei der Situation der Amalekiterschlacht stehen noch konstatiert es nur die Vorausdarstellung des Kreuzes, sondern mit den eben wiedergegebenen, negativ formulierten Sätzen wird es fast zu einer Drohung gegenüber den Juden der Gegenwart des Verfassers. Indem aber hier der Akzent liegt und nicht so sehr auf der Vorausdarstellung des Kreuzes selber, auf die es Barnabas nach 11, 1; 12, 1 ankommt, ist damit ein Hinweis auf den traditionellen Charakter von vv 2f gegeben.

In v 4 folgt ein Zitat, das ohne jeden Kommentar bleibt; sein Sinn muß also aus dem Zusammenhang erschlossen werden. Da auch in ihm vom Ausbreiten der Hände die Rede ist, dürfte darin eine Vorausoffenbarung des Kreuzes gesehen worden sein. Weil dieses Zitat somit völlig mit dem von Barnabas angegebenen Thema übereinstimmt, wird er es gewesen sein, der es an diese Stelle gesetzt hat.

Das Stück vv 5-7, eine Auswertung von der Erzählung der ehernen Schlange, ist dem in vv 2f sehr ähnlich. Die Einleitung (v 5), die zugleich die Kommentierung bildet, spricht von den Juden als solchen, die „meinen werden, er (= Jesus) sei zugrunde gegangen". Die tödlichen Schlangenbisse erfolgten, „damit er sie überführe, daß sie um ihrer Übertretung willen in Todesbedrängnis dahingegeben werden werden" (v 5 b). Wie in vv 2f wird die historische Situation fast übergangslos verlassen und gegen die Juden der Gegenwart polemisiert, deren „Übertretung" dann in der Tötung Jesu gesehen werden muß, die sie zu der vorher genannten falschen „Meinung" veranlaßte. Schließlich korrespondiert die positive Formulierung des von der Auslegung her stark veränderten Zitates in v 7 der negativen gleichen Inhalts in v 3. VV 2f und vv 5-7 scheinen also zusammen vom selben

---

[81] Herkunft und ursprüngliche Bedeutung des Zitates brauchen uns hier nicht zu interessieren. Verschiedene Vermutungen dazu bei Windisch 369; Prigent 116—119; Daniélou passim.

[82] Damit haben wir hier ein frühes Zeugnis für die Auffassung, daß das schwere Schicksal der Juden in ihrer Ablehnung Jesu begründet ist.

Verfasser konzipiert worden zu sein. Daß der nicht Barnabas ist, hatten wir schon bei der Besprechung von vv 2f vermutet; der dort genannte Grund gilt in noch stärkerem Maß von vv 5-7, da hier das Kreuz gar nicht genannt wird. Sodann lassen sich Einschübe herausheben. Nach der Erwähnung, daß die Israeliten durch die Schlangenbisse starben, heißt es: ,,da ja die Übertretung bei Eva durch die Schlange erfolgte". Diese Bemerkung ist im Zusammenhang wenig sinnvoll und konkurriert zudem mit der folgenden Zweckangabe. Sie ist also wohl — sei es von Barnabas oder bereits vor ihm — in einen schon fertigen Text eingeschoben worden. V 6 beginnt mit der Barnabas eigentümlichen Übergangswendung πέρας γέ τοι[83], mit der das Verbot von Guß- und Schnitzbildern eingeführt wird, vermerkt dann, daß Moses mit dem Aufrichten der Schlange dagegen handelt, und sieht schließlich dessen Zweck im Aufzeigen eines Typos Jesu. Letzteres ist Dublette zum Anfang von v 5. Da v 6a für den Zusammenhang überflüssig ist und die Wiedergabe von Num 21, 6ff unterbricht, ist er für einen Zusatz, und zwar — wegen der Wendung πέρας γέ τοι — des Barnabas zu halten. Diese Einschübe sind nun ein weiterer Beweis dafür, daß ihre Umgebung traditionell ist.

Schwierig zu beurteilen ist der letzte Satz von v 7: ,,Da hast du wiederum auch hierin die Herrlichkeit Jesu, denn in ihm ist alles und auf ihn hin". Notwendig ist er nicht, da schon die Einleitung des Stückes in v 5a die Kommentierung gibt. Seine allgemein gehaltene Aussage könnte auf Barnabas als Autor weisen, der dann hier in einer hermeneutischen Zwischenbemerkung die Allmachtsformel im Sinne eines Schriftprinzips gebrauchte. Anlaß dazu kann gewesen sein, daß er den letzten Teil des von ihm gebrauchten Traditionsstückes, in dem nicht mehr vom Kreuz und Leiden die Rede ist, vom Vorangehenden abheben wollte. Aber ein eindeutiges Urteil ist hier kaum zu gewinnen.

V 8 beginnt mit einer längeren Zitationsformel in Frageform, der aber nicht das Zitat folgt, sondern ein Finalsatz, während das Zitat erst in v 9 nach Wiederholung und weiterer Fortführung der Zitationsformel erscheint. Das sieht nicht nach einheitlicher Formulierung aus. V 8b folgert aus der Benennung des Propheten und Nave-Sohnes mit dem Namen ,,Jesus" durch Mose, ,,daß der Vater alles über den Sohn Jesus offenbart". Diese Folgerung hat ihre Entsprechung in den Barnabas zugehörigen Sätzen in 1, 7; 5, 3; 7, 1, dürfte also ebenfalls von ihm stammen. Daraus ist zu schließen, daß ihm v 9 schon vorlag; die Situationsangabe in der Zitationsformel aber veranlaßte

---

[83] Vgl. o. S. 37 Anm. 73.

ihn zu einer Auslegung, weshalb er dann die Zitationsformel wiederholen mußte. Mit v 9 gehört v 10 a zusammen, der das Zitat so auslegt, daß Jesus nicht Menschensohn, sondern fleischgewordener[84] Gottessohn ist.

Am Anfang dieses Abschnittes hatten wir die traditionelle Zusammengehörigkeit dieser Stelle mit dem ersten Teil des Kapitels daraus erschlossen, daß hier nicht mehr vom Kreuz die Rede ist, obwohl es nach Barnabas darum im ganzen Kapitel gehen soll. Die Zusammengehörigkeit von vv 2f. 5-7 mit vv 9. 10 a wird auch vom Inhalt her unterstützt: Der, von dem „sie meinen werden, er sei zugrunde gegangen", und „der lebendig machen kann, obwohl er tot ist", ist eben nicht ein Mensch[85], sondern Sohn Gottes.

Dieses Stück hat nun in vv 10 b. 11 eine Erweiterung um die auch aus der synoptischen Tradition bekannten Davidssohndebatte (Mk 12, 37 ff parr) erfahren[86], die selbst wieder um einen sekundären Zusatz, ein Zitat nach Jes 45, 1, bereichert worden ist, was der Schlußsatz, der über es hinweg auf das vorangehende Zitat aus LXX Ps 109, 1 bezogen ist, anzeigt. Daß diese Erweiterung erst durch Barnabas erfolgte, ist durch nichts angedeutet.

Traditioneller Grundbestand des Kapitels ist also das wahrscheinlich schon vor Barnabas um vv 10 b. 11 erweiterte Stück vv 2f. 5-7. 9. 10 a, in das Barnabas in v 8 eine eigene Auslegung an einen Einzelzug, in v 6 a ein entgegenstehendes Verbot und vielleicht am Ende von v 7 eine hermeneutische Bemerkung einschob. Vor allem aber hat er dieses Stück seiner Absicht, Vorausoffenbarungen des Kreuzes nachzuweisen, unterstellt und von diesem Interesse her auch das kommentierte Zitat in v 1 und das unkommentierte in v 4 hinzugesetzt.

k) 13, 1-7

Der Anfang von v 1 (ἴδωμεν δέ, εἰ ...), der dem von 11, 1 sehr ähnlich ist (ζητήσωμεν δέ, εἰ ...), dürfte wie jener redaktionell sein. Mit ihm beginnt Barnabas ein neues Thema: „Ob dieses Volk[87] erbt oder

---

[84] τύπος hat hier nicht dieselbe Bedeutung wie in vv 2. 5f, sondern die von „Gestalt" wie in 6, 11; vgl. Müller 285.

[85] Die titulare Bedeutung von υἱὸς ἀνθρώπου ist hier nicht mehr verstanden.

[86] Direkter Einfluß von einem der Synoptiker auf unsere Stelle läßt sich nicht nachweisen; vgl. dazu Köster 145f.

[87] Aus v 3 und v 6 geht eindeutig hervor, daß mit „diesem Volk" die Christen gemeint sind. Es ist jedoch nicht so, daß ὁ λαὸς οὗτος im Barn technische Bezeichnung für die Christen wäre; denn in den Zitaten in 9, 5; 10, 2; 11, 2 bezeichnet diese Wendung ohne Zweifel die Juden.

das erste[88] und ob das Testament[89] auf uns (geht) oder auf jene". Das
Zitat in v 2, das mit dem Gotteswort an Rebekka über ihre Söhne auf
diese Frage Antwort geben soll, erhält in v 3 eine Auslegung, die mehr
den Charakter eines Hinweises hat und die Verbindung mit v 1 herstellt: „Ihr müßt bemerken, wer Isaak ist und wer Rebekka und an
welchen er gezeigt hat, daß dieses Volk größer ist als jenes"[90]. Die einleitenden Worte αἰσθάνεσθαι ὀφείλετε weisen auf Barnabas als Autor
dieses Satzes; sie begegnen zusammen an den ebenfalls wahrscheinlich
auf ihn zurückzuführenden Stellen 2, 9; 6, 18[91].

V 4 beginnt mit einer Zitationsformel, in der festgestellt wird, daß
eine andere Prophetie „deutlicher" spricht. Ihre größere Deutlichkeit
gegenüber der vorigen muß wohl darin gesehen werden, daß sie sich
besser auf die in v 1 gestellte Alternative beziehen läßt, während die
erste nur einen Komparativ ergab, daß nämlich das eine Volk größer
ist als das andere. Demnach spricht in v 4 derselbe Verfasser wie in
vv 1. 3, also Barnabas. Von der in v 1 gestellten Alternative und der
ihr entsprechenden Antwort in v 6 her hat er das vv 4f gebrachte Zitat
verändert: Er gibt die Erzählung von der Segnung Ephraims und
Manasses durch Jakob, die eigentlich auch nur eine komparative Auslegung erlaubt, so wieder, als werde nur der gesegnet, auf dessen Kopf
die rechte Hand des Segnenden zu liegen kommt[92]. Die Wiedergabe
dieser Erzählung ist durch eine hermeneutische Zwischenbemerkung
unterbrochen: „Es sah aber Jakob durch den Geist den Typos des
Volkes, das später kommen sollte". Sie hat ihre Parallele in 9, 7, wo
es von Abraham heißt, daß er bei der Beschneidung durch den Geist

---

88 Mit ἐκεῖνος statt ὁ πρῶτος hat H geglättet. In v 3 ist ἐκεῖνος auf die Juden bezogen,
in v 6 πρῶτος auf die Christen. — In v 1 kann ὁ πρῶτος nur im chronologischen Sinn
verstanden sein. Daß nicht an eine heilsgeschichtliche Beziehung beider Völker zueinander gedacht ist, zeigt die wiederholte alternative Fragestellung in v 1, die von
vornherein ein Sowohl-als-auch ausschließt und nur ein Entweder-Oder zuläßt.

89 διαθήκη hat hier pointiert die Bedeutung von „Testament" und ist nicht mit „Bund"
zu übersetzen. Das zeigt der enge Zusammenhang mit κληρονομεῖν; vgl. auch v 6.

90 Formal parallel ist Melito, Passahomilie § 46f: μάθετε οὖν, τίς ὁ πάσχων καὶ τίς ὁ
πάσχοντι συμπαθῶν καὶ διὰ τί πάρεστιν ὁ κύριος ἐπὶ τῆς γῆς, ἵνα τὸν πάσχοντα
ἀμφιασάμενος ἁρπάσῃ εἰς τὰ ὑψηλὰ τῶν οὐρανῶν.

91 αἰσθάνεσθαι allein kommt noch 11, 8 vor, einem Vers, den wir auch Barnabas zugesprochen haben. ὀφείλειν scheint bei Barnabas ein beliebtes Wort zu sein: Sicher
redaktionell ist es in 1, 7; 4, 6; 5, 3; 7, 1; und 2, 10; 7, 11 stammen wahrscheinlich
von Barnabas. Auch in 2, 1, der letzten noch verbleibenden Stelle mit ὀφείλειν, hatte
sich seine Hand gezeigt; vgl. o. S. 19.

92 So heißt es von Joseph: τὸν Μανασσῆ θέλων ἵνα εὐλογηθῇ, und von Jakob: καὶ
εὐλόγησεν αὐτόν (= Ephraim; LXX hat αὐτούς).

auf Jesus voraussah. Da 9, 7 sicher Barnabas zuzuschreiben ist, dürfte auch diese Zwischenbemerkung auf ihn zurückgehen.

Die Auslegung in v 6 entspricht in ihrer Art genau der von v 3; inhaltlich nimmt sie die v 1 gestellte Frage auf und beantwortet sie abschließend: ,,Seht, an welchen er es dargelegt hat, daß dieses Volk das erste ist und des Testamentes Erbe". Stammt v 3 von Barnabas, so muß das auch von v 6 gelten[93].

Obwohl mit v 6 die in v 1 begonnene Erörterung zu einem befriedigenden Abschluß gekommen ist, wird sie in v 7 fortgesetzt, dessen Anhangscharakter aber auch seine Einleitung formal deutlich macht: εἰ οὖν ἔτι καί. Die Wendung ἔτι δὲ (οὖν) καί ist ein redaktionelles Mittel des Barnabas, mit dem er auch sonst einen Neueinsatz (4, 6; 5, 5; 15, 1; 16, 1) oder einen Zusatz (4, 14) markiert. Wenn also das Ergebnis von v 6 ,,auch noch durch Abraham in Erinnerung gebracht worden ist, haben wir vollkommene Erkenntnis empfangen". τὸ τέλειον τῆς γνώσεως ἡμῶν entspricht inhaltlich der Ankündigung von 1, 5: ἵνα ... τελείαν ἔχητε τὴν γνῶσιν[94]. Daraus ist zu schließen, daß Barnabas v 7a selbst formuliert hat. Dagegen muß ihm das Zitat v 7c mit seiner Einleitung v 7b als Fremdgut überkommen sein; denn einmal liegt das Interesse des Barnabas vom Zusammenhang her nur am Zitat selbst, während die voranstehende Situationsangabe für seinen Zweck überflüssig ist, und zum anderen ist sie die einzige Stelle im ganzen Barn, an der die Gerechtigkeit auf den Glauben bezogen wird; sonst ist δικαιοσύνη immer ethisch oder paränetisch orientiert.

C 13 ist also bis auf die Zitate und die eine Zitateinleitung in v 7 aller Wahrscheinlichkeit nach ein Werk des Barnabas. Aber dennoch macht es nicht den Eindruck einer Ad-hoc-Bildung; es ist ohne den Briefkontext als isoliert für sich stehende Einheit voll verständlich. Und zwar scheinen, wie es der Nachtragscharakter von v 7 und der enge Bezug von v 6 auf v 1 nahelegen, zunächst vv 1-6 als ein Stück von Barnabas konzipiert worden zu sein, dem er dann später v 7 zufügte, was aber auch schon vor Abfassung des Briefes erfolgt sein kann.

---

[93] Auf ihn als Autor weisen einmal der Imperativ βλέπετε, der nur noch 10, 11 begegnet, wo er auch auf Barnabas zurückzuführen ist, und zum anderen die Verbindung τῆς διαθήκης κληρονόμον, die in der Form κληρονόμοι τῆς διαθήκης κυρίου an der Barnabas zugehörigen Stelle 6, 19 vorkommt.

[94] Eine formale Parallele bildet 5, 11: τὸ τέλειον τῶν ἁμαρτιῶν. Diese Stelle hatten wir aus anderen Gründen für traditionell erklärt. Damit ist nicht ausgeschlossen, daß diese spezielle Formulierung von der Hand des Barnabas herrührt; umgekehrt könnte er aber auch in 13, 7 in der Formulierung von 5, 11 beeinflußt sein.

1) 14, 1-9

Mit den Worten ναί· ἀλλὰ ἴδωμεν, εἰ ...[95] verknüpft Barnabas c13 und c14 miteinander und zeigt zugleich damit den Neueinsatz an. Die Verknüpfung beider Kapitel wurde durch ihre thematische Ähnlichkeit nahegelegt; auch in c14 geht es um die Diatheke. Dennoch aber hat c14 das vorangehende Kapitel nicht zur Voraussetzung; es ist ohne jeden Rückbezug auf c13 und kann völlig aus sich selbst verstanden werden. Das ist ein Hinweis darauf, daß c14 ursprünglich eine selbständige Einheit gebildet hat. Diese Vermutung unterstützen auch zwei Beobachtungen an v 1a: 1. Die Satzkonstruktion ist merkwürdig gebrochen. Nach ἴδωμεν wird ein εἰ-Satz begonnen; aber bevor er zu Ende geführt wird, erscheint ein neuer, dem schließlich noch ein ζητῶμεν folgt, das zu ἴδωμεν in Konkurrenz steht. 2. In c14 geht es darum, daß nicht Israel, sondern die Christen das Testament empfangen haben, während nach der Ausgangsfrage nur untersucht werden soll, ob Gott es gegeben hat. — Beide Beobachtungen lassen sich unter der Voraussetzung erklären, daß Barnabas ein Traditionsstück vorlag, das etwa mit folgender These begann: τὴν διαθήκην, ἣν ὤμοσεν (ὁ θεὸς) τοῖς πατράσιν δοῦναι τῷ λαῷ, δέδωκεν, αὐτοὶ δὲ οὐκ ἐγένοντο ἄξιοι λαβεῖν ... Bei der Umwandlung des ersten Teils dieser These in eine Selbstaufforderung — wie Barnabas auch in 11, 1 und 13, 1 mit einer solchen beginnt, was ihm eigentümlich zu sein scheint — setzte er zunächst anders an, fiel dann aber in den Text der Vorlage zurück, wodurch sich die eigenartige Satzkonstruktion ergab.

Entscheidend für den Traditionscharakter von c14 spricht jedoch die Parallelität von 14, 1-4 zu 4, 6-8, einer Stelle, die wir bereits als ein Traditionsfragment erwiesen haben[96]. In c14 liegt dann also das Stück vollständig vor, von dem 4, 6-8 nur ein Teil ist. Nun besteht aber in diesem gemeinsamen Bestandteil weder in den Zitaten noch im Kommentar eine wörtliche Übereinstimmung, sondern es zeigen sich bei aller Parallelität eine ganze Reihe von Unterschieden, die noch gewichtig vermehrt werden, wenn — wie vermutet[97] — 5, 1f die ursprüngliche Fortsetzung von 4, 6-8 bildet. Auf diese Unterschiede sei hier nur hingewiesen; ihr Vorliegen muß erklärt werden, wenn wir im nächsten Abschnitt versuchen, die Art der im Barn verwendeten Tradition zu bestimmen.

---

[95] Der Text von LV ist an dieser Stelle gegenüber dem von SH geglättet.

[96] S. o. S. 20 f.

[97] S. o. S. 21.

Nachdem in 14, 1-5 gezeigt worden ist, daß die Christen durch die Erlösungstat Jesu das Testament empfangen haben, wird das Stück mit einer Reihe von drei Zitaten abgeschlossen, die diese Erlösungstat und die mit ihr verbundene Bildung des neuen Volkes begründend darlegen sollen[98]. Dem ersten Zitat folgt eine Zwischenbemerkung: „Ihr erkennt[99] nun, woher wir erlöst worden sind." Die Art der resümierenden Feststellung entspricht 13, 3. 6, so daß dieser Satz Barnabas zuzuschreiben ist. Er gibt sich deutlich als nachträglicher Zusatz zu erkennen, da, was alle drei Zitate aussagen sollen, schon in v 6 in umfassenderer Weise ausgeführt worden war, als es dieser Satz tut, der nur einen Teil davon aufnimmt und zudem überflüssig ist.

Barnabas hat also das in c 14 zugrunde liegende Traditionsstück wahrscheinlich nur um den eben besprochenen Zusatz erweitert und daneben seinen Anfang verändert, um es mit c 13 verknüpfen zu können.

m) 15, 1-9

C 15 beginnt mit der zum redaktionellen Instrumentarium des Barnabas gehörigen Übergangswendung ἔτι οὖν καί (vgl. 4, 6. 14; 5, 5; 13, 7; 16, 1). C 14 und c 15 bildeten also keinen vorgegebenen Zusammenhang, ihre Aufeinanderfolge ist Werk des Barnabas. Die Übergangswendung steht innerhalb einer Zitationsformel, die aber nicht nur das Thema des ihr folgenden Zitates (περὶ τοῦ σαββάτου), sondern damit auch das des ganzen Kapitels ankündigt (vgl. 12, 1). Dieses ist in seiner Aussage wieder ganz unabhängig vom Briefkontext und als isolierte Einheit in sich verständlich; es kann also so, wie es ist, schon vor Abfassung des Briefes fertig gewesen sein.

Sein Aufbau erscheint eigenartig. Den Anfang bilden in vv 1-3 — jeweils mit eigener Zitationsformel versehen — drei Zitate. In vv 4f erfährt das dritte eine Auslegung. Mit πέρας γέ τοι λέγει eingeleitet wird in v 6a das erste in leicht geänderter Form erneut zitiert und anschließend in vv 6b. 7 ausgelegt. Mit derselben, um αὐτοῖς erweiterten Einleitung wie v 6 folgt in v 8 ein weiteres, vorher noch nicht gebrachtes Zitat mit Auslegung, der sich in v 9 eine auf sie bezogene Folgerung anschließt.

Wie ist dieser Aufbau zu erklären? Zur Beantwortung dieser Frage helfen zunächst drei Beobachtungen weiter: 1. Die Zitationsformel in

---

[98] Es ist möglich, daß vv 1-5 und vv 6-9 keine ursprüngliche Einheit bildeten, sondern daß die Zitate und ihre Einleitung dem Stück vv 1-5 erst sekundär zugewachsen sind. Doch der nahtlose Übergang zeigt, daß zumindest für Barnabas die Verse 1-9 schon eine Einheit waren.

[99] γινώσκετε haben VL; SH gleichen mit γινώσκομεν an den folgenden Nebensatz an.

v 3 (τὸ σάββατον λέγει ἐν ἀρχῇ τῆς κτίσεως) läßt nicht erkennen, daß der Sabbat auch schon in vv 1f erwähnt wurde; sie tut so, als werde erst jetzt vom Sabbat geredet. 2. Die Wiederholung des ersten Zitates in v 6 sieht völlig davon ab, daß das Zitat schon in v 1 gebracht wurde (anders 6, 18 im Verhältnis zu 6, 12). Seine Einleitung scheint vielmehr vorauszusetzen, daß es jetzt erstmals zitiert wird. 3. Wie weiter unten noch gezeigt werden wird, lassen sich einige Eigentümlichkeiten der Zitate in vv 1f von der vv 4ff stehenden Kommentierung her erklären[100]. — Bedenkt man diese drei Punkte, wird man zu der Annahme geführt, daß die beiden Zitate in vv 1f erst nachträglich dem übrigen Stück vorangestellt wurden. Wir wenden uns daher zunächst vv 3-9 unter Absehung von vv 1f zu.

Eine zusammenhängende kleine Einheit bilden die Verse 3-5, eine Auslegung von Gen 2, 2: Die sechs Schöpfungstage bedeuten die 6000 Jahre des Bestehens der Welt; die Ruhe Gottes und damit der Sabbat erfolgt erst am 7. Tag, also im 7. Jahrtausend, wenn sein Sohn „die Zeit des Gesetzlosen" vernichtet hat. Die Auslegungsregel 1 Tag = 1000 Jahre wird aus LXX Ps 89, 4 gewonnen. Da hier, an der tragenden Stelle des ganzen Abschnitts, die 1. Person Singular gebraucht ist (αὐτὸς δέ μοι μαρτυρεῖ λέγων), darf es als wahrscheinlich gelten, daß die Verse 3-5 von Barnabas formuliert wurden.

Auch der Übergang in v 6 ist Barnabas zuzuschreiben, da er mit der ihm eigentümlichen Wendung πέρας γέ τοι gewonnen wird[101]. Die Auslegung in vv 6b. 7 setzt den Ansatz von v 4 voraus und nimmt auch eine Wendung aus v 5 auf (τότε καλῶς καταπαύσεται — τότε καλῶς καταπαυόμενοι). Deshalb kann es sich bei vv 6f nicht um ein ursprünglich selbständiges Stück handeln, sondern es liegt eine Erweiterung oder Fortsetzung des Barnabas von vv 3-5 vor.

Der Schluß des Kapitels, vv 8f, ist wiederum mit πέρας γέ τοι angeschlossen, und auch er setzt das ihm Vorangehende voraus; denn die Aussage über den Sabbat, den Gott gemacht hat, an dem er alles zur Ruhe bringt, ist deutlich auf v 5 und vv 6f zurückbezogen. So muß wie bei vv 6f gefolgert werden, daß es sich hier um eine Erweiterung oder Fortsetzung des Barnabas handelt. Eine — vermeintliche — Schwierigkeit liegt jedoch darin, daß Barnabas jetzt vom „Anfang

---

[100] Mit der Behauptung, es handle sich bei vv 1f um zwei Sätze, die Barnabas irgendwo schon vereinigt vorgefunden hätte (Prigent 66. 70), ist nichts gewonnen; damit sind die Probleme der Textgestalt dieser Zitate nur um eine Stufe zurückgeschoben. Diese Behauptung ist überflüssig, wenn sich die Textprobleme aus dem jetzigen Kontext der Zitate einigermaßen erklären lassen, was weiter unten versucht werden wird.

[101] Vgl. o. S. 37 Anm. 73.

eines achten Tages" redet. Er ist dazu gezwungen, weil er hier im Gegenüber zu den jüdischen Sabbaten den christlichen Sonntag als den achten Tag in seine Erörterung über den Sabbat integrieren will. Das gelingt ihm, indem er den siebten Tag zugleich den Anfang des achten Tages d. h. „den Anfang einer anderen Welt" sein läßt[102].

Wenn Barnabas vom Sabbat spricht, meint er also nicht den immer wiederkehrenden siebten Tag der Woche, sondern die von Gott in der Zukunft heraufgeführte neue Welt. Heiligung des Sabbats kann dann nicht ein irgendwie bestimmtes Verhalten an einem wiederkehrenden Wochentag sein, sei es nun der siebte oder der achte, Heiligung dieses Sabbats — weniger ein Gebot als vielmehr eine Verheißung — ist die sündlose Zuständlichkeit der Christen in der künftigen Welt. Von diesem eigentümlichen Sabbatverständnis aus lassen sich nun einige Besonderheiten der beiden Zitate in vv 1 f erklären. Die Zitationsformel in v 1 bezieht sich auf Ex 20, 8 (Dt 5, 12): μνήσθητι τὴν ἡμέραν τῶν σαββάτων ἁγιάζειν αὐτήν. Der in Barn 15, 1 gebrauchten Formulierung näher kommt Jer 17, 22 bα: ἁγιάσατε τὴν ἡμέραν τῶν σαββάτων. In jedem Fall aber ist die Ersetzung von τὴν ἡμέραν τῶν σαββάτων durch τὸ σάββατον κυρίου auffällig: Sie ist von daher verständlich, daß es Barnabas nicht um einen ständig wiederkehrenden Tag geht, sondern um den einen Sabbat nach dieser Zeit und Welt. Die Erweiterung des Zitates nach LXX Ps 23, 4a, wo es gar nicht um den Sabbat geht, wird in der Auslegung v 6 wieder aufgenommen, indem die Heiligung des Sabbats als eine Reinheit des Herzens erklärt wird, die in der Jetztzeit noch nicht verwirklicht werden kann. So liegt die Annahme nahe, daß die Auslegung des Barnabas für die besondere Formulierung des Zitates in v 1 verantwortlich ist.

Das Schema von v 2, daß unter der Bedingung der Sabbaterfüllung eine Verheißung in Aussicht gestellt wird, findet sich Jer 17, 24 f, allerdings mit anderer Formulierung im Bedingungssatz und mit anderer Verheißung. Der Wortgebrauch des Bedingungssatzes in Barn 15, 2 ist dem des Aussagesatzes Ex 31, 16a ähnlich: καὶ φυλάξουσιν οἱ υἱοὶ ᾽Ισραήλ τὰ σάββατα. Sollte diese Stelle hinter Barn 15, 2 stehen, fällt neben der Änderung von οἱ υἱοὶ ᾽Ισραήλ in οἱ υἱοί μου, womit hier natürlich die Christen gemeint sind, die des Plurals τὰ σάββατα in den Singular τὸ σάββατον auf: Wieder geht es nicht um einen Sabbat, von dem auch pluralisch gesprochen werden kann, sondern um den

---

[102] Es ist also unbegründet, aufgrund dieser Stelle bei Barnabas von der Vorstellung eines messianischen Zwischenreiches zu sprechen. Dazu vgl. Hermans passim, der die Frage, ob Barnabas Chiliast ist, entschieden verneint.

einzigen Sabbat, den die Auslegung vv 4ff meint[103]. Darauf weist auch
das τότε im zweiten Teil des Zitates, der sehr schwachen Anhalt an
Jes 44, 3 hat (ἐπιθήσω τὸ πνεῦμά μου ἐπὶ τὸ σπέρμα σου); τότε wird
in der Auslegung dreimal betont gebraucht, einmal in v 5 und zweimal
in v 7. Auch das Zitat in v 2 ist also wahrscheinlich von der Auslegung
des Barnabas her konzipiert.

Somit hat sich das ganze 15. Kapitel mit allen Unterteilen als eine
Komposition des Barnabas herausgestellt. Sie ist jedoch nicht in
einem Zug erfolgt: Es wurde schon dargelegt, daß die beiden Zitate
in vv 1f nachträglich den übrigen Ausführungen vorangestellt wurden.
Aber auch die Verse 3-9 sind möglicherweise nicht als ein einheitliches
Ganzes verfaßt worden, da sowohl in v 5 als auch in v 7 jeweils ein
sinnvoller Abschluß erreicht ist, der in beiden Fällen keine Fortsetzung
verlangt. Obschon ganz von Barnabas geschrieben, ist das Stück c15
wohl doch sukzessiv entstanden: Den Grundbestand vv 3-5 erweiterte
Barnabas zunächst um vv 6f, dann um vv 8f und stellte seinen Dar-
legungen schließlich vv 1f voran. Seinen jetzigen Umfang kann das
Stück schon vor Abfassung des Briefes erreicht haben, da es, worauf
eingangs hingewiesen wurde, eine in sich verständliche Einheit bildet.

n) 16, 1-10

Am Anfang von c16 zeigt sich die Hand des Barnabas in der redaktionellen Überleitung ἔτι δὲ καί. Der damit begonnene Einleitungssatz
enthält zwar auch das Thema des übrigen Kapitels (περὶ τοῦ ναοῦ),
bezieht sich aber als ganzer nur auf vv 1f. Dieses Phänomen war uns
auch 12, 1 und 15, 1 begegnet und war neben anderen ein Anzeichen
dafür, daß diese Kapitel nicht in einem Zug konzipiert wurden. Das
ist dann auch hier zu vermuten, so daß wir vv 1f zunächst als eine
Einheit für sich betrachten. Für sie gibt es Analogien im übrigen Barn.
Formal genau parallel ist 14, 1-4a: Eine These steht voran, sie erhält
anschließend eine Schriftbegründung, und schließlich wird die These
als Folgerung wiederholt. Auch das inhaltliche Grundschema von
16, 1f stimmt mit 14, 1-4a und besonders mit den jeweils ersten Teilen
von cc2f überein: Die jüdische Hoffnung auf den Tempel wird abgelehnt, was ein als an die Juden gerichtet gedachtes und grundsätzlich
verstandenes Gotteswort beweisen soll, das gegen den Tempelkult
polemisiert. Für genauso definitiv wurden in cc2f die Worte gegen
Opfer und Fasten und in c14 die Erzählung vom Zerbrechen der

---

[103] Daß der Gebrauch von Singular und Plural hier nicht zufällig, sondern sehr bewußt
ist, zeigt auch v 8, wo Barnabas beide einander gegenüberstellt.

4*

Tafeln durch Moses angesehen. Von diesen Analogien her darf einmal angenommen werden, daß die beiden ersten Verse in c 16 traditionell sind, und zum anderen, daß sie mit einer positiven Fortsetzung zusammengehören.

Aber diese positive Fortsetzung erfolgt noch nicht in vv 3-5. In v 3 wird zunächst ein Zitat mit der für Barnabas typischen Übergangswendung πέρας γέ τοι πάλιν λέγει eingeleitet. Mit dem Zitat gehört seine Auslegung in v 4 eng zusammen, ja die eigentümliche Form des Zitates erklärt sich von der Auslegung her, d. h. der Autor der Auslegung ist auch verantwortlich für die jetzige Gestalt des Zitates[104]. Die genaue Situationsangabe in v 4 (νῦν ... ἀνοικοδομήσουσιν) ist nur dann sinnvoll, wenn sie der Abfassung des ganzen Briefes gleichzeitig ist[105]. Daher stammt nicht nur die Überleitung, sondern das ganze Stück vv 3f von Barnabas.

Die Bedeutung von v 5 im Zusammenhang liegt in der Feststellung, daß die Zerstörung des Tempels mit göttlichem Willen erfolgte; das eben zeigt ihre Voraussage in der Schrift an. Dann aber liegt ein weiterer Beweis dafür vor, daß der jüdische Tempel keinerlei positive Bedeutung hat und die von den Juden auf ihn gesetzte Hoffnung nichtig ist. Nun geht aber v 5 über diese sich vom Kontext her ergebende Zielsetzung hinaus, indem er nicht nur vom Tempel spricht, sondern auch von der Stadt und dem Volk Israel. Das erweist ihn als traditionell. Betrachtet man ihn für sich, liegt es nicht nahe, ihn für eine spezielle Polemik gegen den jüdischen Tempelkult zu halten. Er konnte aber, da er auch vom Tempel spricht, in einem solchen polemischen Zusammenhang so verwendet werden. Barnabas hat also seiner eigenen Ausführung in vv 3f noch ein traditionelles Argument hinzugefügt.

Mit ζητήσωμεν δέ, εἰ folgt in v 6 eine redaktionelle Überleitung, die der in 11, 1 genau entspricht und der in 14, 1 ähnlich ist. Anders als dort aber wird hier nicht ein völlig neues Thema eingeführt. Das Thema bleibt dasselbe wie im Vorangehenden; es geht weiter um den Tempel, jetzt allerdings in positiver Darlegung. Hier könnte die ursprüngliche Fortsetzung von vv 1f vorliegen[106]. Für eine solche Zu-

---

[104] Prigent allerdings postuliert sofort, das Zitat entstamme in seiner jetzigen Form einer Testimoniensammlung, um es dann mit Hypothesen über seine ursprüngliche Bedeutung zu befrachten (77). Wie es zur jetzigen Form des Zitates kommt, bleibt so natürlich ein Rätsel.

[105] Zum zeitgeschichtlichen Bezug dieser Stelle vgl. u. S. 106—113.

[106] Typisch für die Arbeitsweise von Prigent ist, daß er vv 5f für eine zusammengehörige Einheit hält, weil die in beiden Versen verwendeten Zitate auf Henoch-Stellen basier-

sammengehörigkeit von vv 1f und vv 6-10 spricht der letzte Satz von
v 10: τοῦτό ἐστιν πνευματικὸς ναὸς οἰκοδομούμενος τῷ κυρίῳ, der in
deutlicher Antithese zu vv 1f steht, speziell zu den Worten οἰκοδομὴν
... ὡς ὄντα οἶκον θεοῦ: Dem Als-ob-Gotteshaus wird der geistliche
Tempel entgegengestellt, in dem Gott wirklich wohnt. Als diesen Tempel beschreiben vv 6-10 das Herz der Christen[107], wobei vv 7f das
Christwerden und vv 9f das Christsein behandeln.

Die redaktionelle Überleitung in v 6 wurde wohl durch das Ein-
schieben von vv 3-5 veranlaßt, so daß v 6 ursprünglich in thetischer
Form an v 2 anschloß[108]. Innerhalb der Verse 6-10 scheint es sich bei
dem ersten Satz in v 7 um einen Einschub zu handeln: εὑρίσκω οὖν,
ὅτι ἔστιν ναός. Die überflüssige Bemerkung entspricht der Floskel in
9, 5 und ist wie diese wohl Barnabas selbst zuzuschreiben.

Grundbestand von c 16 ist also das Traditionsstück vv 1f. 6-10,
dessen ersten Teil Barnabas um eine eigene Bildung (vv 3f) und ein
weiteres Traditionsstück (v 5) vermehrte.

3. Art der cc 2—16 verwendeten Tradition

Wenn auch in der vorangehenden Analyse eindeutige Entscheidungen oft nicht gefällt werden konnten, so läßt sie m. E. doch ein hinreichend klares Bild über die schriftstellerische Arbeit des Barnabas
in diesen Kapiteln und über den Charakter der hier verwendeten Tradition zu. Das sicherste Ergebnis scheint mir zu sein, daß Barnabas
die ihm vorliegenden Traditionen mit sehr einfachen redaktionellen
Mitteln zum ersten Teil seines Schreibens zusammenstellt. In cc 4-7,
wo er verschiedene Traditionsstücke ineinanderschachtelt, macht er
die Nahtstellen häufig durch auffällige Sätze an seine Leser kenntlich: 4, 6a. 9a; 5, 3; 6, 5. 10; 7, 1. Eine ähnliche Funktion haben die
Ad-hoc-Zusätze in 6, 7 und 6, 9; hier soll der Übergang durch inhaltliche Angleichung gewonnen werden. Durch seine Bemerkungen in
8, 7; 9, 1a. 3d; 10, 12 ordnet Barnabas mehrere Traditionsstücke

---

ten; Barnabas gebrauche hier ein apokalyptisches Florilegienfragment (79f). — Bei
dieser Betrachtungsweise kommen weder die redaktionellen Bemerkungen des Barnabas noch die den Zitaten gegebenen Kommentare gebührend in den Blick.

[107] Dabei ergibt sich ein doppelter Aspekt, indem einmal der einzelne Christ, dann aber
auch die Christen insgesamt, also die Gemeinde, Tempel Gottes ist. Das zeigt sich
besonders deutlich in v 9: Der einzelne Christ ist selbst Tempel, wird aber zugleich
in den Tempel (= Gemeinde) hineingeführt. Ähnlich verhält es sich in 6, 15f. Vgl.
Benoit 44.

[108] Vgl. o. S. 47 zu 14, 1.

unter einer bestimmten Fragestellung zusammen. Den Kapiteln 11f und 13f gibt er jeweils eine gemeinsame Überschrift (11, 1a; 13, 1); und auch für die Überleitung von c3 zu c4 formuliert er einen ganzen Satz. Ansonsten begnügt er sich bei Neueinsätzen, Übergängen und der Anfügung von Zusätzen und Erweiterungen mit folgenden Wendungen: ἔτι δὲ (καὶ/οὖν) τοῦτο (ἐκεῖνο) (4, 6. 14; 5, 5; 13, 7; 15, 1; 16, 1), πέρας γέ τοι (5, 8; 10, 2; 12, 6; 15, 6. 8; 16, 3), ἀλλὰ καί (7, 3; 9, 4. 6; 10, 6. 7. 8), ζητήσωμεν (ἴδωμεν) δέ, εἰ ... (14, 1; 16, 6 — so beginnen auch die thematischen Sätze in 11, 1; 13, 1). Das also ist das redaktionelle Instrumentarium, mit dem Barnabas versucht, sein Material zu ordnen und zusammenhängend darzustellen.

Neben seiner Arbeit als Redaktor beschränkt sich die Leistung des Barnabas bei Abfassung seines Briefes im wesentlichen auf Zusätze und Erweiterungen zu bereits fertigen Stücken (4, 14; 9, 1d; 9, 6d; 12, 1. 4. 6a. 8b; 16, 3f und vielleicht auch 2, 9. 10b). Hinzu kommen seine Zusammenfassungen am Schluß von 7, 5 und 7, 10, die Zwischenbemerkungen in 8, 1; 12, 7; 14, 7 und vielleicht auch die in 8, 2; 9, 5; 16, 7 und der Einschub 2, 2f. Schließlich hat er auch ad hoc ein eigenes Stück geschaffen (9, 7f) und in seiner Komposition von c11 die Auslegung in v 8 selbst formuliert. Das ist alles. Das weitaus meiste von dem, was er bringt, lag ihm also schon vor, als er daran ging, seinen Brief zu schreiben.

Bei dieser von Barnabas gebrauchten Tradition handelt es sich nun nicht um durchgehende literarische Quellen, sondern um in sich abgeschlossene Einzelstücke. Die in der Analyse herausgestellten ursprünglichen Einheiten sind völlig in sich verständlich, verlangen nach keiner Fortsetzung und weisen auch durch nichts darauf hin, daß sie eine solche gehabt hätten. Was wir aber beobachten konnten, war, daß die einzelnen Traditionsstücke stufenweise angewachsen sind. Die von Barnabas bei Abfassung des Briefes angebrachten Zusätze und Erweiterungen haben wir schon vermerkt. Es ließen sich aber auch solche kenntlich machen, die er schon vorher hinzugefügt hat: 6, 17-19; 7, 11 und vielleicht 10, 2. 6-8. 11. Sodann lagen ihm bei seiner Redaktion von ihm selbst formulierte Stücke schon fertig vor: cc13. 15. Aber auch diese sind stufenweise entstanden und nicht in einem Zug konzipiert worden. Schließlich konnten wir vorbriefliche, nicht von Barnabas stammende Zusätze wahrscheinlich machen: 7, 3d.e. 6-10 (ohne den Schlußsatz); 8, 3 (οὖσιν — Ἰσραήλ); 8, 4-6; 10, 10; 12, 5 (ἐπειδή — ἐγένετο); 12, 10b. 11.

Alle diese Erweiterungen und Zusätze zeigen zum jeweiligen Grundbestand weder nennenswerte sachliche Spannungen noch beträchtliche stilistische Unterschiede[109]. Was für eine Tradition muß das sein, in der sich solche Eigentümlichkeiten finden? Alle gemachten Beobachtungen erweisen m. E. Boussets Vermutung[110] als richtig: Die von Barnabas in cc 2—16 gebrauchte Tradition ist als „Schulgut" anzusprechen, das seine Entstehung einem Schulbetrieb verdankt und in diesem überliefert und dabei auch weitergebildet worden ist. Barnabas selbst ist Lehrer (1, 8; 4, 9)[111]; als solcher gibt er nicht einfach nur empfangene Tradition weiter, sondern ist selbst gestaltend am Überlieferungsprozeß beteiligt, indem er bearbeitet, variiert, ergänzt, erweitert und auch selbständig neue Stücke schafft, wie 9, 7f; 13, 1-7 und 15, 1-9 zeigen.

Der hinter dem Barn stehende Schulbetrieb erklärt noch eine weitere Eigentümlichkeit der in ihm verwendeten Tradition, nämlich ihren dialogischen Charakter, der nicht erst durch die Briefsituation veranlaßt sein kann, sondern ihr schon selbst eignet. Da sind zunächst die zahlreichen Aufforderungen zur Aufmerksamkeit (προσέχετε: 7, 4. 6. 7. 9; 15, 4; 16, 8; mit αἰσθάνεσθαι: 2, 9; 6, 18; 13, 3; mit ἀκριβεύεσθαι: 2, 10), die Aufforderungen zu lernen (μάθετε: 5, 5; 14, 4; 16, 2. 7. 8), zu sehen (ἴδε: 6, 14; 12, 10. 11; 15, 7; βλέπετε: 10, 11; 13, 6; ὁρᾶτε: 15, 8), zu hören (ἀκούσατε: 7, 3; 13, 2). Sodann sind hier die Ankündigung in 6, 13 (πάλιν σοι ἐπιδείξω), der Schlußsatz in 10, 10 (ἔχετε τελείως περὶ τῆς βρώσεως) und die Aufnahme eines Einwandes in 9, 6 (ἀλλ᾽ ἐρεῖς) zu nennen und schließlich die häufigen Fragen: Um die Spannung zu erhöhen, wird an zwei Stellen die Wiedergabe eines Zitates mit der Frage εἶτα τί λέγει; unterbrochen (6, 3; 11, 10); aus demselben Grund steht die Zitationsformel einige Male in Frageform (6, 6. 8; 7, 4. 9; 13, 5. 7; 16, 2). Noch öfter begegnen Fragen zu Beginn oder innerhalb der Auslegungen (mit πῶς: 5, 5; 7, 10; 14, 4; 16, 7. 8. 9; mit τί oder τίς: 6, 17. 18; 7, 11; 10, 11 (tris); mit πρὸς τί: 7, 5; 10, 6. 7; 12, 3; mit διὰ τί: 8, 4. 6; mit ὅτι: 8, 5).

Vom Schulbetrieb her ist wohl noch eine andere Besonderheit des Barn zu erklären: Sowohl den redaktionellen als auch den traditionellen Teilen eigentümlich ist der Wechsel in der Anrede zwischen τέκνα und ἀδελφοί, der sich sonst in keiner Schrift des Urchristentums findet. Paulus, die Verfasser von Hebr, Jak, 2 Petr und 2 Clem, Clemens Romanus, Ignatius, Polykarp und Hermas gebrauchen durchgehend ἀδελφοί, die Verfasser von Did, 1 Tim und 2 Tim τέκνον, der Verfasser des 1 Joh τεκνία und παιδία. Es gibt zwei Ausnahmen, die sich leicht erklä-

---

[109] Darauf hatten wir am Schluß der Besprechung von cc 2 f besonders hingewiesen; vgl. o. S. 19 f.

[110] S. o. S. 8 f.

[111] Vgl. o. S. 12.

ren lassen. Gal 4, 19 schreibt Paulus: τέκνα μου, οὓς πάλιν ὠδίνω. Hier ist die Anrede τέκνα μου deutlich durch das Bild des Gebärens veranlaßt. 1 Joh 3, 13 steht ganz vereinzelt die Anrede ἀδελφοί. Sie erklärt sich durch den häufigen Gebrauch von ἀδελφός im Kontext dieser Stelle (innerhalb 3, 10-17 achtmal). Keine Ausnahme ist Herm vis III 9, 1. 9; denn hier spricht nicht Hermas, sondern „die Alte".

Der Schulbetrieb, wie er sich im Barn zeigt, hat nicht das „akademische" Niveau, das Bousset für den Schulbetrieb in Alexandria und Rom nachgewiesen hat. Hier werden keine großen Vorlesungen gehalten; die Lehrvorträge sind von bescheidenem Umfang. Inhaltlich geht es ihnen in der Hauptsache um das Verständnis einzelner Schriftstellen. Doch wie aus 4, 1b. 2-5. 9b-13; 5, 4 hervorgeht, gab es auch paränetische Lehrstücke, in denen Schriftzitate allerdings auch eine Rolle spielen. Diese Tradition lebt in mündlicher Form. Im Schulbetrieb und für ihn sind einzelne kleine Stücke ausgebildet worden, die durch immer wiederholten Vortrag einerseits feste Form gewannen, andererseits aber auch ständiger Varianz ausgesetzt waren. Letzteres zeigen sehr deutlich die Unterschiede zwischen 4, 6-8; 5, 1f und 14, 1-9, wo Barnabas an verschiedenen Stellen seines Briefes dasselbe Lehrstück wiedergibt[112]. Daß die Lehrer als Hilfsmittel für die Darbietung einzelner Stücke auch aufschrieben oder sich Notizen darüber machten, ist natürlich nicht ausgeschlossen, sondern angesichts der großen Nähe vieler Zitate zum Text der LXX sogar wahrscheinlich. Aber — und darauf kommt es an — man hat es bei dieser ihrem Wesen nach mündlichen Tradition nicht mit einer literarischen Gattung zu tun; literarische Form hat sie erst innerhalb des Barn gewonnen.

Indem sich also Barnabas als von einem Schulbetrieb abhängig erweist, ergibt sich damit, daß er kein Einzelgänger, sondern Repräsentant eines Kreises ist. Da er nur sehr wenige eigene Lehrstücke bringt und in der großen Mehrzahl ihm bereits überlieferte wiedergibt, von denen zudem einige ein stufenweises Anwachsen zeigen, dürfte dieser Kreis schon geraume Zeit vor dem Beginn seiner Lehrertätigkeit bestanden haben.

Wie steht es nun in bezug auf den Barn mit dem Problem der Testimonien? Unsere Analyse von cc 2—16 hat gezeigt, daß es nicht im direkten Zugriff angegangen werden kann; denn mit einiger Sicherheit hat Barnabas nur an zwei Stellen seines Briefes ad hoc unmittelbar

---

[112] Damit ist also die Frage beantwortet, die wir o. S. 47 zunächst offen gelassen hatten. Die Unterschiede zwischen 4, 6-8 und 14, 1-4 erklären sich aus der Variabilität des einzelnen, oft gehaltenen Lehrvortrags; es gibt hier kein „Original". Daher ist der Versuch Prigents, 4, 7f gegenüber 14, 1-3 als sekundär zu erweisen (61), nur als seltsam zu bezeichnen.

auf Zitatensammlungen zurückgegriffen, nämlich 9, 1-3 und 11, 4f[113]. Ob es sich hierbei nun speziell um „Testimonien" handelt, kann bei der Vieldeutigkeit unkommentierter Zitate nicht mit genügender Sicherheit gesagt werden. Sicher hat auch dem Verfasser der Tradition in 11, 9-11 nicht der Text der LXX oder einer anderen Übersetzung vorgelegen, und der Autor von 2, 1. 4—3, 6 hat wahrscheinlich in 2, 4ff eine Zitatenreihe benutzt. Diese Feststellungen erweisen das Recht der Frage nach „Testimonien", die jedoch nach unserer Analyse genauer so zu formulieren ist: In welchen Formen lag der Schule des Barnabas das Schriftmaterial vor, mit dem hier gearbeitet worden ist? Doch diese Frage führt von dem Thema, das wir uns gestellt haben, ab[114]. Die Herausstellung von Redaktion und Tradition in cc 2—16 erfolgte im Dienst der Frage nach einer möglichen Theologie des Barn. Nachdem nun herausgearbeitet worden ist, was Barnabas bei Abfassung seines Briefes als fertige Größe schon vorlag, muß untersucht werden, in welchem sachlichen Verhältnis er zu seiner Tradition steht. Doch darauf wollen wir erst eingehen, wenn auch die Kapitel 18—20 analysiert sind.

---

[113] Möglich ist es auch noch an anderen Stellen, etwa in 12, 1.

[114] Anmerkungsweise sei jedoch kurz mit einigen Hinweisen darauf eingegangen. Es wird zu beachten sein, daß der Schrifttext innerhalb einzelner Lehrvorträge überliefert worden ist, was sehr leicht zu Varianten führen konnte. Auffällige Abweichungen können durch die besondere Tendenz des neuen Kontextes veranlaßt sein und müssen nicht als Hinweise auf die Herkunft aus einer Zitatensammlung gewertet werden. — Bei einer ganzen Reihe von Mischzitaten im Barn braucht man zu ihrer Erklärung nicht nebulos und allgemein auf „Testimonien" zu verweisen, sondern man kann genau zeigen, wie sie zustandegekommen sind, wobei teils unbewußte Gedächtnisfehler und teils ganz bewußte, vom Kontext her offensichtliche Interessen eine Rolle gespielt haben. — Daß der Schule des Barnabas eine vollständige LXX zur Verfügung stand, scheint ausgeschlossen; denn sonst wären bei der Bedeutung, die die Schrift im Denken der Schule einnimmt (dazu s. u. Teil B II), etliche sehr stark abweichende und einige in ihr nicht zu verifizierende Texte unverständlich. Für das Nichtvorhandensein einer vollständigen LXX spricht auch folgende auffällige Beobachtung: Innerhalb derselben Traditionsstücke finden sich genaue und ungenaue Zitate nebeneinander; die Genauigkeit der Zitate hängt weitgehend davon ab, aus welchem Buch der Bibel sie stammen. Das legt die Vermutung nahe, daß die Schule von einigen Büchern der Bibel Abschriften besaß oder vielleicht auch nur Exzerpte davon; denn in vielen sonst recht genauen Jes-Zitaten — Jes stellt im übrigen die meisten und genauesten Zitate im Barn — finden sich vom Barn-Kontext her häufig unmotivierte Auslassungen, die durch Exzerpieren verursacht sein könnten. — Die Frage nach der Herkunft der Zitate im Barn ist also nicht einheitlich zu beantworten; man muß mit sehr verschiedenen Überlieferungsformen rechnen. — Die Arbeit von Robert Alan Kraft, The Epistle of Barnabas. Its Quotations and Their Sources, war mir leider nur als summary in der HThR 54, 1961, 300, zugänglich.

IV. Die Tradition in cc 18—20

Nachdem wir die Rahmenkapitel 1, 17 und 21 untersucht und den ersten Hauptteil (cc 2—16) analysiert haben, stellt sich nun die Frage, ob der zweite Hauptteil (cc 18—20), der eine Zwei-Wege-Lehre enthält, traditionell oder eigene Leistung des Barnabas ist. Da die Kapitel 18—20 bekanntlich eine enge Parallele in Did 1—5 haben, ist diese Frage verknüpft mit der nach dem Verhältnis beider Stücke zueinander, die schon reichlich Literatur hervorgerufen und in ihr alle möglichen Antworten erfahren hat: Barn ist von Did abhängig oder umgekehrt, oder beide gehen unabhängig voneinander auf eine gemeinsame Quelle zurück. Dieses Problem soll hier nicht in seiner ganzen Breite erörtert werden; Dinge, die nur für Did relevant sind, bleiben unberücksichtigt.

Für die These, Barn 18—20 seien originale Schöpfung des Barnabas und Did habe Barn benutzt, sind J. A. Robinson[115], Muilenburg[116], Connolly[117] vehement eingetreten. Ihr steht jedoch das Sondergut in Barn 18—20 entgegen; sie vermag nicht befriedigend zu erklären, warum die Sätze, die Barn jetzt über Did hinaus hat, von letzterer ausgelassen worden sein sollen[118]. Andererseits haben gerade die Arbeiten der eben genannten Forscher die andere Möglichkeit ausgeschlossen, Barnabas habe Did verwertet[119], indem sie mit aller Deutlichkeit die gute Anordnung in der Did als redaktionelle Arbeit des Didachisten herausstellten und von daher auf die Unwahrscheinlich-

---

[115] S. Literaturverzeichnis.

[116] Sein Ergebnis formuliert Muilenburg S. 9. 165—167; Einzeluntersuchungen 69—84. 109—134. 140—158. Der breit angelegte Nachweis auf S. 113—134, cc 18—21 erklärten sich völlig von cc 1—17 her, kann nur den überzeugen, der eine atomistisch vorgehende Vokabelstatistik für angebracht hält. — Daß die Vokabelstatistik aber auch zu ganz anderen Ergebnissen kommen kann, zeigt Arnold 3—7.

[117] Didache 237—253; Barnabas 165—167; Streeter 376f. — Ihnen stimmten Burkitt und Cadbury sowie Vokes 27—47 zu; zugunsten einer gemeinsamen Quelle widersprachen Streeter 370—372 und Creed 377—379.

[118] Besonders kennzeichnend für die Verlegenheit diesbezüglicher Erklärungsversuche ist der von Vokes: „From its version of the 'Two Ways' the Didache omits much that is most characteristically Barnabean in Barnabas's version. This is not a sign that Barnabas has added these things to the common source, but that the Didache can see Barnabas's peculiarities, and finds them unbearable" (47).

[119] Diese Ansicht vertraten z. B. Holtzmann 162—164; Funk, Doctrina 399f; Bardenhewer 106 (vgl. 107: „In der Ausbeutung und Bearbeitung des Textes der Didache hat (der Vf) fast Unglaubliches geleistet. Aus einer gut geordneten Gedankenreihe, einer organisch verbundenen Sentenzensammlung hat er ein Chaos zu machen verstanden.").

keit schlossen, Barnabas habe diese Ordnung durcheinandergebracht, während er sie an einer Stelle (20, 2), die Did 5, 2 genau entspricht, beibehalten haben müßte.

Somit bleibt nur die Möglichkeit übrig, daß beide eine gemeinsame Quelle zur Voraussetzung haben. Für diese wurde verschiedentlich die griechische Vorlage der lateinischen Doctrina gehalten[120]. Wir müssen uns nicht auf eine Diskussion dieser Hypothese im einzelnen einlassen; entscheidend gegen sie spricht, daß sie mit fast denselben Schwierigkeiten zu kämpfen hat wie die eben erwähnte Lösung, die eine Abhängigkeit des Barnabas von Did behauptet: Auch die Doctrina ist wohlgeordnet, sogar noch straffer als Did 1—5; aus welchem Grund sollte Barnabas sie durcheinandergebracht haben? Von dieser Überlegung her ergibt sich, daß die Barn und Did gemeinsame Vorlage Barn 18—20 nähergestanden haben muß als Did 1—5. Der folgende Versuch einer Rekonstruktion dieser Vorlage nimmt zunächst das jeweilige Sondergut von Did 1—5 und Barn 18—20 in den Blick; wie weit muß es bei der Rekonstruktion berücksichtigt werden?

Eine erste Gruppe im Sondergut von Did 1—5 bilden redaktionelle Zusätze, die vor allem im Interesse einer Gliederung des Stoffes gemacht worden sind. Hierzu gehört zunächst die Notiz in 1, 3a: τούτων δὲ τῶν λόγων ἡ διδαχή ἐστιν αὕτη. Das in 1, 3 gebrachte Liebesgebot und die Goldene Regel gelten demnach gewissermaßen als Überschrift, die nun in konkrete Lehrsätze gefaßt werden soll[121]. Eine weitere Gliederungsnotiz findet sich in 2, 1: δευτέρα δὲ ἐντολὴ τῆς διδαχῆς. War zunächst die Überschrift in Geboten expliziert worden, so folgt hier eine Zusammenstellung von Verboten; nur an zwei Stellen steht, jeweils mit ἀλλά eingeleitet, eine positive Ergänzung. Hier ist die in 2, 7 von Interesse, die den Eindruck eines grundsätzlichen Abschlusses dieses Abschnitts macht und daher auf den Redaktor zurückgehen dürfte. Mit c3 beginnt ein neuer Abschnitt, wie die Einleitung mit τέκνον μου und der anschließende, allgemein gehaltene Satz zeigen, der als Überschrift zu 3, 2-6 zu verstehen ist, die hier in fünf formal genau parallelen Gliedern ausgeführt wird: Der Warnung vor bestimmten schlechten Eigenschaften folgt die Begründung, daß aus

---

[120] So schon Harnack, Apostellehre 11—13. 25—34; wegen Barn 4, 9/Did 16, 2 nimmt er aber an, daß Did neben der gemeinsamen Quelle auch den Barn benutzt hat (Geschichte II/1 436f). Vgl. weiter Goodspeed passim; Barnard, Dead Sea Scrolls 98. 99 (etwas vorsichtiger in Problem 221. 228f; ähnlich Windisch 405); Altaner, Problem 161; Kretschmar 44.

[121] Auf die Diskussion, ob es sich bei 1, 3b—2, 1 um eine spätere Interpolation handelt, braucht hier nicht eingegangen zu werden.

ihnen noch schlimmere Taten entspringen. Dieses Stück kann dem Redaktor natürlich schon vorgelegen haben. Aber in seiner Ordnung und Durchgeformtheit entspricht es durchaus seiner ordnenden Hand, so daß es auch von ihm selbst stammen kann. Er zählt hier schlechte Eigenschaften auf, denen er vv 7f in der Entgegensetzung gute folgen läßt. Dazu und zu vv 9f, die keine Eigenschaften mehr bringen, aber doch noch zum selben Abschnitt gehören — einen neuen Einschnitt zeigt der Redaktor erst in 4, 1 an —, gibt es wieder Parallelen in Barn 19, und die Ordnung und Formung dieser Verse ist weit entfernt von der in 3, 1-6. Das aber heißt einerseits, daß das Stück 3, 1-6 auf keinen Fall zu der gemeinsamen Vorlage von Did und Barn gehört hat — gleichgültig, wie man sonst über seine Herkunft denkt —, und ist andererseits ein weiterer Hinweis darauf, daß die Ansätze zur Ordnung des Barn und Did gemeinsamen Stoffes in Did Werk des Redaktors sind und ihm nicht schon in der Vorlage vorgegeben waren. Mit der Anrede τέκνον μου in 4, 1 will der Redaktor wohl wieder den Anfang eines neuen Abschnitts deutlich machen, der vom Verhalten in der Gemeinde handelt (4, 1-4). In der weiteren Darstellung des Lebensweges zeigt er seine Gliederung nicht mehr durch besondere Bemerkungen an, stellt aber 4, 5-8 (Geben und Nehmen) und 4, 9-11 (Verhältnis Eltern—Kinder, Herren—Sklaven) inhaltlich Verwandtes zu kleinen Abschnitten zusammen, die er unverbunden aufeinander folgen läßt. Es sei noch einmal betont, daß eine solche überlegte Anordnung gegenüber dem Durcheinander im Barn für sekundär zu halten ist. 4, 12-14 schließlich folgen noch einige Mahnungen, die keine thematische Einheit haben. Hier hat der Redaktor offensichtlich das zusammengetragen, was er in seiner Gliederung vorher nicht unterzubringen wußte. Beim Todesweg zeigt sich seine Hand zunächst in der Einfügung von αὕτη· πρῶτον πάντων in 5, 1, womit er einmal den Beginn des Todesweges dem des Lebensweges parallel gestaltet und zum anderen auch hier eine Art Überschrift gewinnt, sodann darin, daß er auf eine Reihe von Lastern im Plural eine im Singular folgen läßt.

Ebenfalls für Eingriffe des Redaktors der Did sind einige stilistische Verbesserungen gegenüber dem im Barn vorliegenden Text zu halten. 1, 2a: die Einfügung von μέν; 3, 8: die Aufreihung mit καί statt der ständigen Wiederholung des ἔση bzw. γίνου in Barn 19, 4d; 4, 9a: der Anschluß mit οὐδέ statt der bloßen Aufreihung mit οὐ in Barn 19, 3e; 4, 10a: die Setzung von ἐν πικρίᾳ erst nach der Apposition gegenüber der Voranstellung in Barn 19, 7b; 4, 12: der Anschluß mit καί statt der Wiederholung des μισήσεις in Barn 19, 2f; 4, 14: die Verknüpfung mit καί statt asyndetischer Aufreihung in Barn 19, 12c. d.

Die stilistischen Änderungen zeigen ebenso wie die Gliederungsversuche das deutliche Bestreben, den Text klarer und flüssiger zu gestalten. Das aber dürfte gegenüber dem „roheren" Stadium, wie es sich im Barn zeigt, sekundär sein.

Eine zweite Gruppe im Did-Sondergut sind solche Stellen, die in irgendeiner Beziehung zu bestimmten Teilen der synoptischen Tradition stehen[122]. Zuerst ist hier das Doppelgebot der Liebe zu nennen, das 1, 2b begegnet. Die Verwandtschaft mit Barn 19, 2a zeigt sich in den Worten τὸν ποιήσαντά σε; ansonsten aber wird man sofort an die Tradition erinnert, die sich Mk 12, 28 ff parr niedergeschlagen hat. Im Barn stehen das Gebot der Gottesliebe und das der Nächstenliebe an verschiedenen Stellen (19, 2. 5), und in ihrer Formulierung zeigt sich kein Einfluß von der synoptischen Tradition. Andererseits hat das τὸν ποιήσαντά σε keine Entsprechung in Mk 12, 28 ff parr. Daraus ist zu folgern, daß dem Did-Redaktor eine Zwei-Wege-Lehre vorlag, die mit dem Gebot der Liebe zum Schöpfer begann, das er im Sinne der Tradition von Mk 12, 28 ff parr ergänzte. In diese Gruppe gehört weiter die Goldene Regel (1, 2c), die Mt 7, 12 ihren Niederschlag in positiver Fassung gefunden hat, während sie hier in negativer Formulierung erscheint. Den Hauptanteil der zweiten Gruppe bildet das Stück 1, 3b-6, das vielfältige Beziehungen zu Stellen bei Mt und Lk aufweist[123]; und schließlich ist noch der Begründungssatz in 3, 7 zu nennen: ἐπεὶ οἱ πραεῖς κληρονομήσουσιν τὴν γῆν, der zwar LXX Ps 36, 10 entspricht, da er aber sehr ähnlich auch Mt 5, 11 begegnet, könnte er zur selben Tradition gehört haben wie Did 1, 2ff.

Auch dieses Sondergut hat kaum zu der Barn und Did gemeinsamen Vorlage gehört, da es völlig uneinsichtig ist, warum Barnabas gerade diese — besonders „christlichen" — Passagen ausgelassen haben sollte.

Schließlich kann man eine dritte Gruppe unter dem Oberbegriff „natürliche Erweiterungen" zusammenfassen. Hierbei handelt es sich in der Hauptsache um gleichsinnige Ergänzungen: Die Verbote in c 2 werden in vv 2. 3. 5. 6 durch ähnliche bereichert, wobei in v 5 auch noch der Gegensatz hinzugefügt wird; nur letzteres geschieht in 4, 8. In 3, 8 werden die guten Eigenschaften und in 5, 1 die Laster vermehrt. Neben den gleichsinnigen und gegensätzlichen Ergänzungen ist zu den natürlichen Erweiterungen noch die Begründung in 4, 1 (ὅθεν γὰρ ἡ κυριότης λαλεῖται, ἐκεῖ κύριός ἐστιν) und die Präzisierung in 4, 14 (ἐν ἐκκλησίᾳ) zu rechnen.

---

[122] Dazu vgl. Köster 159—240; speziell zu 1, 3b—2, 1 Layton passim.
[123] Im einzelnen vgl. die in der vorigen Anmerkung genannten Arbeiten.

Für alle eben genannten Stellen läßt sich kein Argument finden, das sie als Hinzufügung des Did-Redaktors wahrscheinlich macht. Noch unwahrscheinlicher aber ist es, daß sie schon der Did und Barn gemeinsamen Vorlage angehört haben, da für Barnabas nicht der mindeste Anlaß bestand, gerade sie auszulassen. Daher legen sie die Annahme nahe, daß Barn 18—20 und Did 1—5 zwar auf eine gemeinsame Vorlage zurückgehen, daß aber zwischen ihr und Did einerseits und Barn andererseits — denn auch im Sondergut von Barn 18—20 finden sich Stellen dieser Art — jeweils schon ein kürzeres oder längeres Stück Überlieferungsgeschichte liegt, in dem solche Erweiterungen leicht zuwachsen konnten.

Somit ergibt die Untersuchung des Sondergutes der Did, daß es bei der Frage nach der ursprünglichen Gestalt der Zwei-Wege-Lehre unberücksichtigt bleiben kann.

Auch bei der Besprechung des Sondergutes von Barn 18—20 wenden wir uns zunächst den Stellen zu, die der Redaktion zuzuschreiben sind. Deutlich zeugt 19, 1c die Hand des Barnabas: ἔστιν οὖν ἡ δοθεῖσα ἡμῖν γνῶσις τοῦ περιπατεῖν ἐν αὐτῇ τοιαύτη. Mit dem Wort γνῶσις nimmt er seine eigene Übergangsformulierung von 18, 1a wieder auf; und mit der Wendung ἡ δοθεῖσα ἡμῖν γνῶσις ist die entsprechende in 9, 8 zu vergleichen (ἡ δοθεῖσα αὐτῷ γνῶσις), wo Barnabas selbst formuliert. 19, 1c ist eine Dublette zu 19, 1a. Diese Wiederholung ist notwendig durch den Satz 19, 1b, der dem Lichtweg gewissermaßen als Präambel voransteht. Daraus aber ist zu folgern, daß 19, 1b vom selben Verfasser stammt, der 19, 1c hinzufügte, also von Barnabas selbst. Ist jedoch die Präambel des Lichtweges sein Werk, so vermutlich auch der an entsprechender Stelle des Finsternisweges stehende Satz 20, 1b, der ebenfalls zum Sondergut gehört. Damit sind die wahrscheinlichen redaktionellen Eingriffe des Barnabas schon erschöpft; in bezug auf die Gliederung unterstreichen sie lediglich die ohnehin vorhandene Zweiteilung. Die einzelnen Wege selbst hat Barnabas offensichtlich ungegliedert gelassen.

Eine zweite Gruppe beschränkt sich auf das Sondergut in c18, das enge Parallelen in der Gemeinderegel von Qumran hat (1 QS III, 13 bis IV, 26). Das gilt besonders für 18, 1d. 2: „Über den einen (sc. Weg) sind nämlich lichtspendende Engel Gottes gesetzt, über den anderen aber Engel des Satans[124]; und der eine ist Herr von Ewigkeit zu Ewigkeit, der andere aber Herrscher der jetzigen gesetzlosen Zeit". 1 QS

---

[124] Schon Arnold vermutete 1886, daß dieser Satz aus einer verlorenen Quelle stammt (13).

III, 18 ff heißt es: Gott bestimmte dem Menschen „zwei Geister, darin
zu wandeln bis zur vorbestimmten Zeit seiner Heimsuchung. Das sind
die Geister der Wahrheit und des Frevels. An der Quelle des Lichtes
ist der Ursprung der Wahrheit, aber aus der Quelle der Finsternis
kommt der Ursprung des Frevels. In der Hand des Fürsten des Lichtes
liegt die Herrschaft über alle Söhne der Gerechtigkeit, auf den Wegen
des Lichtes wandeln sie. Aber in der Hand des Engels der Finsternis
liegt alle Herrschaft über die Söhne des Frevels, und auf den Wegen
der Finsternis wandeln sie ... Und er (= Gott) hat die Geister des
Lichtes und der Finsternis geschaffen ..." Auch nach der Gemeinderegel ist die Zeit der Finsternis begrenzt: „Aber Gott hat in den Ge-
heimnissen seiner Einsicht und in seiner herrlichen Weisheit ein Ende
gesetzt für das Bestehen des Frevels" (IV, 18)[125]. Trotz aller Unterschiede ist die Parallelität evident. Sie betrifft auch die Bezeichnung
des Gegensatzes mit Licht und Finsternis statt mit Tod und Leben,
wie es in Did der Fall ist, und die Näherbestimmung der beiden Wege
durch den Genitiv ἐξουσίας in 18, 1b[126]. Dieses Wort entspricht dem
hebräischen מֶמְשָׁלָה, das in 1 QS III, 20f. 23 für die Herrschaft des
Lichtfürsten und des Finsternisengels gebraucht wird. Entsprechend
dürfte ἐξουσία in Barn 18, 1b verstanden sein. Die Frage ist nun, ob
der Archetyp von Did 1—5 und Barn 18—20 bereits diese 1 QS IIIf
parallelen Stellen enthielt, vielleicht gar eine Weiterentwicklung dieser
Tradition ist, oder nicht, so daß ihm Elemente der Tradition, die sich
1 QS IIIf niedergeschlagen hat, erst sekundär zugewachsen wären.
Im ersten Fall müßten diese Stellen in Did wieder ausgefallen sein,
wobei man dem Redaktor auch noch die Konsequenz zumuten muß,
den Gegensatz Licht—Finsternis durch Leben—Tod ersetzt zu haben.
Das ist m. E. nicht sehr wahrscheinlich. Dagegen ist unter der Voraussetzung der Ursprünglichkeit des Gegensatzes Leben—Tod dessen
Ersetzung durch Finsternis—Licht leicht damit zu erklären, daß im
Lauf der Überlieferungsgeschichte ein Redaktor den Archetyp von
Barn 18—20 und Did 1—5 um eine 1 QS IIIf nahestehende Tradition
bereichern wollte, von der er Kenntnis erhalten hatte. Daß dieser Redaktor Barnabas selbst war, läßt sich nicht wahrscheinlich machen.

Den größten Teil des Sondergutes in Barn 18—20 kann man als
natürliche Erweiterungen verstehen, die im Lauf der Traditionsge-

---

[125] Übersetzung nach Eduard Lohse, Die Texte aus Qumran, Darmstadt 1964.
[126] Der ἐξουσίας vorangehende Genitiv διδαχῆς kann schon der Vorlage zugehörig
gewesen sein. Die Zwei Wege waren eben eine „Lehre"; vgl. Did 1, 3; 2, 1 und
besonders 6, 1. In Did 1, 1 dürfte dieses Wort nur deshalb fehlen, weil es schon
in der Überschrift verwendet worden war.

schichte dem Archetyp bis zu seiner Aufnahme im Barn zugewachsen sind, wovon die eine oder andere auch auf Barnabas selbst zurückgehen kann; doch läßt sich dafür kein sicheres Anzeichen finden. Hierzu gehören als gleichsinnige oder gegensätzliche Ergänzungen die zusätzlichen Gebote und Verbote in c19 (vv 2b-e[127]. 3b. c. 4b. 5b. 8c. d. 11 d), ein „Laster" in 20, 1 (ἀφοβία θεοῦ), zwei Verhaltensweisen in 20, 2 (χήρα καὶ ὀρφανῷ οὐ προσέχοντες, εὐχερεῖς ἐν καταλαλίᾳ) und die Hinzufügung von καὶ πόρρω zu μακράν in 20, 2. Dazu sind noch drei Präzisierungen zu nennen: τῷ ἀδελφῷ σου in 19, 4e, συναγαγῶν in 19, 12a und δυνάμεως in 20, 1c. Wenn man sich auch bei der einen oder anderen dieser Stellen einen Grund dafür einfallen lassen kann, warum der Did-Redaktor — unter der Voraussetzung, er habe sie gekannt — sie ausgelassen haben könnte[128], so wäre doch die Mehrzahl der Auslassungen nur sehr gezwungen erklärbar. Damit ergibt die Betrachtung des Sondergutes von Barn 18—20 dasselbe Ergebnis wie die des Sondergutes von Did 1—5: Es braucht bei dem Versuch, die gemeinsame Vorlage zu rekonstruieren, ebensowenig berücksichtigt zu werden wie jenes. Was die Reihenfolge betrifft, so ist Barn 18—20 vorzuziehen, da sich hier keine diesbezüglichen redaktionellen Eingriffe finden, während der Did-Redaktor eine Gliederung versucht hat.

Der Barn 18—20 und Did 1—5 gemeinsame Vorgänger bestand also wahrscheinlich aus den diesen beiden Stücken gemeinsamen Stellen, und zwar in der Reihenfolge von Barn 18—20. Da der Did-Redaktor stilistische Verbesserungen angebracht hat[129], verdient Barn auch in der Form den Vorzug. Doch gibt es eine ganze Reihe Varianten grammatischer Art sowie Umstellungen, Ersetzungen durch Synonyme und kleinere Zufügungen oder Auslassungen, bei denen eine Entscheidung

---

[127] Auf 19, 2b.c ist noch besonders einzugehen. Dem einleitenden Gebot ἀγαπήσεις τὸν ποιήσαντά σε folgen hier genau analog die Gebote φοβηθήσῃ τόν σε πλάσαντα, δοξάσεις τόν σε λυτρωσάμενον ἐκ θανάτου. Falls diese Dreiheit ursprünglich ist, läßt sich auch ein Grund dafür namhaft machen, daß in Did nur das erste Glied aufgenommen wurde: Mit dem Gebot der Gottesliebe wollte sie gleich das der Nächstenliebe verbinden. — Dennoch scheint mir nur das erste Glied ursprünglich zu sein, wofür folgende Beobachtung spricht: Die nächste Did und Barn gemeinsame Mahnung in der Barn-Reihenfolge lautet: μισήσεις πᾶν, ὃ οὐκ ἔστιν ἀρεστὸν τῷ θεῷ. Im Archetyp könnte also dem Gebot der Liebe zum Schöpfer gleich darauf folgend das des Hasses gegenüber dem Gott Nichtgefälligen kontrastiert haben. Dieser Kontrast ging in der Traditionsgeschichte verloren, als man das erste Gebot durch analoge zu einer Dreiheit erweiterte. Waren so das ἀγαπήσεις und das μισήσεις auseinandergerückt, konnten leicht weitere Mahnungen dazwischen geschoben werden.

[128] Das versucht Muilenburg 140—158.

[129] S. o. S. 60.

kaum möglich, aber auch unwesentlich ist. Zwei bedeutendere Varianten jedoch müssen noch besprochen werden. Barn 19, 9b. 10 heißt es: ἀγαπήσεις ὡς κόρην τοῦ ὀφθαλμοῦ σου πάντα τὸν λαλοῦντά σοι τὸν λόγον κυρίου. μνησθήσῃ ἡμέραν κρίσεως νυκτὸς καὶ ἡμέρας καὶ ἐκζητήσεις καθ᾽ ἑκάστην ἡμέραν τὰ πρόσωπα τῶν ἁγίων, ἢ διὰ λόγου κοπιῶν καὶ πορευόμενος εἰς τὸ παρακαλέσαι καὶ μελετῶν εἰς τὸ σῶσαι ψυχὴν τῷ λόγῳ ἢ διὰ τῶν χειρῶν σου ἐργάσῃ εἰς λύτρωσιν ἁμαρτιῶν σου. Die Parallele in Did 4, 1 f. 6 lautet: τέκνον μου, τοῦ λαλοῦντός σοι τὸν λόγον τοῦ θεοῦ μνησθήσῃ νυκτὸς καὶ ἡμέρας, τιμήσεις δὲ αὐτὸν ὡς κύριον ... ἐκζητήσεις δὲ καθ᾽ ἡμέραν τὰ πρόσωπα τῶν ἁγίων, ἵνα ἐπαναπαῇς τοῖς λόγοις αὐτῶν ... ἐὰν ἔχῃς διὰ τῶν χειρῶν σου, δώσεις λύτρωσιν ἁμαρτιῶν σου. Barn 19, 9b. 10a scheint gegenüber Did 4, 1a. b korrigiert zu sein. Nirgendwo sonst findet sich in den Schriften des Urchristentums eine derart starke Aussage für die Achtung gegenüber dem „der das Wort sagt", wie in dieser Did-Stelle[130]. Daher ist es wahrscheinlicher, daß sie abgeschwächt wurde, als der umgekehrte Weg: Aus „wie den Herrn" wurde „wie deinen Augapfel"[131], und das „Gedenken bei Tag und Nacht" bezog man auf den Gerichtstag, was näher zu liegen schien. Damit haben wir hier — nach dem Gegensatzpaar Leben—Tod — einen zweiten Fall, wo Did Ursprünglichkeit zuzubilligen ist. Dagegen ist ihre Zweckbestimmung in 4, 2 deutlich sekundär: Während in Barn 19, 10 zum Besuch „der Heiligen" aufgefordert wird, um dort durch Wort und Tat aktiv zu handeln, vermag Did sich nur noch vorzustellen, daß umgekehrt der Besucher durch die Worte „der Heiligen" erfreut wird, weshalb sie auch den zweiten Teil des Finalsatzes von Barn 19, 10 verselbständigt und im nächsten Abschnitt über „Geben und Nehmen" unterbringt.

Die von Barn und Did vorausgesetzte Vorlage hatte also etwa folgendes Aussehen[132]:

ὁδοὶ δύο εἰσὶν (διδαχῆς), (ἥ τε) τῆς ζωῆς καὶ (ἡ) τοῦ θανάτου · διαφορὰ δὲ πολλὴ (μεταξὺ) τῶν δύο ὁδῶν (1, 1).

ἡ οὖν ὁδὸς τῆς ζωῆς ἐστιν αὕτη · ἀγαπήσεις τὸν ποιήσαντά σε (1, 2a. b), μισήσεις πᾶν, ὃ (οὐκ ἔστιν) ἀρεστὸν τῷ (θεῷ), μισήσεις πᾶσαν ὑπόκρισιν. οὐ μὴ ἐγκαταλίπῃς ἐντολὰς κυρίου (4, 12. 13a). οὐχ ὑψώσεις σεαυτόν (3, 9a). οὐ (λήμψῃ) βουλὴν πονηρὰν κατὰ τοῦ πλησίον σου (2, 6b).

---

130 Ähnliche jüdische Aussagen bei Knopf, Lehre 16f.
131 Das kann auch mehr oder weniger unbewußt in der handschriftlichen Überlieferung schon des Archetyps geschehen sein, indem man die Abkürzung KPN mit κόρην auflöste und verdeutlichend τοῦ ὀφθαλμοῦ σου hinzusetzte.
132 Zu den eingeklammerten Textstellen bieten die Did-Parallelen Varianten der Art, wie sie o. S. 64f erwähnt wurden. — Die Stellenangaben beziehen sich auf Did.

οὐ δώσεις τῇ ψυχῇ σου θράσος (3, 9b). οὐ πορνεύσεις, οὐ μοιχεύσεις, οὐ παιδοφθορήσεις (2, 2a). οὐ (λήμψῃ) πρόσωπον ἐλέγξαι (τινὰ ἐπὶ παραπτώματι) (4, 3d). (ἔσῃ) πραΰς, (ἔσῃ) ἡσύχιος, (ἔσῃ) τρέμων τοὺς λόγους, οὓς ἤκουσας (3, 7a. 8). οὐ μνησικακήσεις (2, 3e). οὐ (μὴ) (διψυχήσῃς), πότερον ἔσται ἢ οὔ (4, 4). ἀγαπήσεις τὸν πλησίον σου ὑπὲρ τὴν ψυχήν σου (1, 2c/2, 7d). οὐ φονεύσεις τέκνον ἐν φθορᾷ, οὐδὲ (πάλιν) γεννηθὲν ἀποκτενεῖς (2, 2b). (οὐ μὴ ἄρῃς) τὴν χεῖρά σου ἀπὸ τοῦ υἱοῦ σου ἢ ἀπὸ τῆς θυγατρός σου, ἀλλὰ ἀπὸ νεότητος διδάξεις φόβον θεοῦ (4, 9). (οὐ μὴ γένῃ ἐπιθυμῶν) τὰ τοῦ πλησίον (σου) (2, 3a), (οὐ μὴ γένῃ) πλεονέκτης (2, 6a). (οὐδὲ κολληθήσῃ ἐκ ψυχῆς) σου μετὰ (ὑψηλῶν), ἀλλὰ μετὰ δικαίων καὶ ταπεινῶν ἀναστραφήσῃ. τὰ συμβαίνοντά σοι ἐνεργήματα ὡς ἀγαθὰ προσδέξῃ, εἰδώς, ὅτι (ἄνευ) θεοῦ οὐδὲν γίνεται (3, 9c. d. 10). οὐκ ἔσῃ διγνώμων οὐδὲ δίγλωσσος· παγὶς γὰρ θανάτου (ἐστὶν) ἡ διγλωσσία (2, 4). (ὑποταγήσῃ) κυρίοις ὡς τύπῳ θεοῦ ἐν αἰσχύνῃ καὶ φόβῳ. (οὐ μὴ ἐπιτάξῃς) δούλῳ σου ἢ παιδίσκῃ ἐν πικρίᾳ, τοῖς ἐπὶ τὸν αὐτὸν θεὸν ἐλπίζουσιν, μήποτε οὐ μὴ φοβηθήσονται τὸν ἐπ᾽ ἀμφοτέροις θεόν· (ὅτι ἦλθεν οὐ) κατὰ πρόσωπον καλέσαι, ἀλλ᾽ ἐφ᾽ οὓς τὸ πνεῦμα ἡτοίμασεν (4, 11. 10). (κοινωνήσεις ἐν πᾶσιν) τῷ (πλησίον) σου καὶ οὐκ ἐρεῖς ἴδια εἶναι· εἰ γὰρ ἐν τῷ (ἀφθάρτῳ) κοινωνοί ἐστε, πόσῳ μᾶλλον ἐν τοῖς (φθαρτοῖς) (4, 8b. c). μὴ γίνου πρὸς μὲν τὸ λαβεῖν ἐκτείνων τὰς χεῖρας, πρὸς δὲ τὸ δοῦναι συσπῶν (4, 5). (ἀγαπήσεις) ὡς κύριον (πάντα) τὸν λαλοῦντά σοι τὸν λόγον (κυρίου). μνησθήσῃ αὐτοῦ νυκτὸς καὶ ἡμέρας (4, 1b. a)· (καὶ) ἐκζητήσεις καθ᾽ (ἑκάστην) ἡμέραν τὰ πρόσωπα τῶν ἁγίων, ἢ διὰ λόγου κοπιῶν καὶ πορευόμενος εἰς τὸ παρακαλέσαι καὶ μελετῶν εἰς τὸ σῶσαι ψυχὴν τῷ λόγῳ, ἢ διὰ τῶν χειρῶν σου ἐργάσῃ εἰς λύτρωσιν ἁμαρτιῶν σου (4, 2/4, 6). οὐ διστάσεις δοῦναι οὐδὲ διδοὺς γογγύσεις· γνώσῃ (δέ), τίς ὁ τοῦ μισθοῦ καλὸς ἀνταποδότης (4, 7). φυλάξεις, ἃ παρέλαβες, μήτε προστιθεὶς μήτε ἀφαιρῶν (4, 13b). κρινεῖς δικαίως. οὐ ποιήσεις σχίσμα, εἰρηνεύσεις δὲ μαχομένους (4, 3c. a. b). ἐξομολογήσῃ (ἐπὶ ἁμαρτίαις) σου. οὐ (προσήξεις) ἐπὶ προσευχὴν ἐν συνειδήσει πονηρᾷ. αὕτη ἐστὶν ἡ ὁδὸς τῆς ζωῆς (4, 14).

ἡ δὲ τοῦ (μέλανος) ὁδός ἐστιν (σκολιὰ) καὶ κατάρας μεστή (5, 1a. b). — Auf die weitere Wiedergabe kann verzichtet werden. Es folgte die Aufzählung Barn 20, 1c-2 ohne δυνάμεως, ἀφοβία θεοῦ, χήρᾳ καὶ ὀρφανῷ οὐ προσέχοντες, καὶ πόρρω, εὐχερεῖς ἐν καταλαλίᾳ.

In dieser ursprünglichen[133] Zwei-Wege-Lehre ist keine durchgängige Ordnung zu erkennen. Unter der Grundeinteilung in Lebensweg und Todesweg sind in lockerer Folge Gebote und Verbote sowie „Laster",

---

[133] Ursprünglich nur insofern, als es sich um den gemeinsamen Archetyp von Barn und Did handelt.

böse Menschengruppen und schlechte Verhaltensweisen aneinander-
gereiht. Hier hat nicht ein individueller Schriftsteller ein durchdachtes
Werk geschaffen, sondern hier wurde zusammengetragen[134]. Daher
dürfte auch die Zwei-Wege-Lehre wie die von Barnabas in cc 2—16
benutzte Tradition ihren Sitz im Leben im Schulbetrieb haben. In ihm
sind wohl die Erweiterungen hinzugekommen, die wir o. S. 63f besprochen haben; und durch ihn hat Barnabas als Lehrer Kenntnis
dieser Tradition, die er — und das ist bezeichnend für ihn — nur in
ganz geringer Weise redaktionell bearbeitet hat. Sie lag ihm in schrift-
licher Form vor; diese Annahme erzwingen jedenfalls die häufigen
wörtlichen Übereinstimmungen in einzelnen Sätzen und Wendungen
zwischen Did 1—5 und Barn 18—20 und besonders die fast vollständige Identität des ganzen Abschnittes Barn 20, 2 mit Did 5, 2. War
also die Zwei-Wege-Lehre schriftlich abgefaßt, so darf doch aus dem
γέγραπται in Barn 21, 1 nicht geschlossen werden, daß sie für Barnabas und seine Schule zur selben ,,Schrift‟ gehört, der die in cc 2—16
gebrauchten Zitate entstammen[135]. Doch macht 21, 1 soviel deutlich,
daß die Zwei-Wege-Lehre autoritative Geltung hatte, daß die in ihr
enthaltenen Gebote und Verbote als unbedingt verpflichtend galten.

V. Barnabas und seine Tradition

Die vorangehenden Analysen haben gezeigt, daß Barnabas in großem
Umfang von der Tradition abhängig ist. Das hat Konsequenzen für
die verschiedentlich vertretene Hypothese, er sei ein geborener Jude[136],
ja sogar ein konvertierter jüdischer Rabbi[137]; denn an traditionellen
Teilen gemachte Beobachtungen erlauben keinen Schluß auf die Person
des Redaktors. Das Hauptargument dieser Hypothese bildet die an-
gebliche Vertrautheit des Barnabas mit jüdischen Riten, die sich in

---

[134] Windisch schreibt: ,,Zusammenstellungen, wie sie die Zweiwegelehre darstellt,
müssen erstmalig nach bestimmten Prinzipien erfolgt sein; der Wirrwarr dagegen
ist besser verständlich als Werk eines Bearbeiters, der einen geschriebenen Text
vor sich hatte und die Gruppierung nicht beachtete‟ (405). Aber als Prinzipien
reichen ,,Lebensweg‟ und ,,Todesweg‟ völlig aus; unter dieser Einteilung konnte
paränetisches Material gesammelt werden. Sieht man das, braucht man sich keinen
höchst seltsamen ,,Bearbeiter‟ vorzustellen.

[135] Dazu s. u. S. 97f.

[136] Güdemann 103. 104 u. ö.

[137] Barnard, Judaism 47, vgl. 54; ähnlich Muilenburg, der Barnabas auch für einen ge-
borenen Juden hält, und zwar spricht er von ihm als von einem ,,popular preacher
(Maggid) well versed in the methods of the Rabbi‟ (89; vgl. 69. 98).

5*

7, 3ff; 8, 1 zeige. Diese Stücke aber sind ihm bereits überkommen[138]. Zudem ist deren Abhängigkeit von jüdischen Traditionen, wie sie Joma VI, Menachot XI, 7 und Para III wiedergegeben sind, zwar unverkennbar[139], doch bestehen auch nicht unerhebliche Unterschiede, die nicht so sehr auf bewußte Umgestaltung[140], als vielmehr darauf zurückzuführen sind, daß von den jüdischen Traditionen von vornherein nur christlich verstandene Fragmente übernommen wurden, die — losgelöst von ihrem ursprünglichen Kontext — dem neuen christlichen Kontext wohl mehr unbewußt angepaßt worden sind, was im Laufe der Überlieferung noch Verstärkung erfahren haben dürfte. Daß es dabei auch zu sachlich belanglosen Änderungen gekommen ist, zeigt etwa 8, 1 im Vergleich zu Para III, 10. 11a; denn für die Auslegung in c 8 ist es gleichgültig, ob das Bündel aus roter Wolle, Holz und Ysop mitverbrannt oder ob damit die Besprengung ausgeführt wird. Die Traditionsstücke des Barnabas in cc 7f gehen also zwar auf jüdische Quellen zurück, so daß man ihre Autoren und ersten Überlieferer für Leute halten muß, die einmal mit dem Judentum in engem Zusammenhang standen, aber auch geborene Juden gewesen sein können. Doch Barnabas hat Kenntnis jüdischer Riten nur vermittels der ihm im Schulbetrieb überkommenen Tradition, und diese Kenntnis weist Fehler auf. Deshalb ist Barnabas kein geborener Jude und schon gar nicht ein ehemaliger Rabbi.

Aus 9, 7f — hier handelt es sich um ein eigenes Stück des Barnabas — wollte man bisweilen schließen, daß er des Hebräischen mächtig sei. So meint Güdemann, bei der Zahlangabe in 9, 8 beziehe sich Barnabas in der Zahlenfolge auf den Urtext, in LXX hätte er so gelesen wie wir (120). Ähnlich argumentiert Völter, Barnabas wolle hier auf den bedeutungsvollen Unterschied zwischen MT und LXX aufmerksam machen (Väter 434. — Selbst Windisch behauptet: „Barn. las Gen 14, 14 in der Reihenfolge des hebräischen Textes" — 356). Aber die Behauptung einer Übereinstimmung in der Zahlenfolge mit dem hebräischen Text ist schlicht falsch: Barnabas hat die Folge 10, 8 und 300, der hebräische Text 8, 10 und 300. Diese Folge ist für seine Auslegung wesentlich mißlicher als die der LXX in der allgemein anerkannten Lesart: 300, 10 und 8. Doch zu ihr gibt es neben den Va-

---

[138] Vgl. o. S. 29—34.
[139] Dazu vgl. Güdemann 104—114; Windisch 344—346. 348; Barnard, Folklore passim.
[140] Güdemann hält die vielen Unparallelitäten für bewußte Entstellung des Barnabas, der die Juden lächerlich machen wolle (106 Anm. 2; 109. 111. 112. 114. 130). Doch eine solche Tendenz liegt Barnabas hier fern; immerhin hält er die Zitate für Schriftworte. — Daß in Güdemanns Argumentation eine petitio principii obwaltet, zeigt deutlich S. 106 Anm. 2: Er erklärt hier die Abweichung von Barn 7, 4 zu Menachot XI, 7 (bab. Talmud 99b; Goldschmidt X, 710f) als „absichtliche Entstellung. Denn ein Mann, der die Opfervorschriften so genau kannte, wie Barnabas, der wußte ohne Zweifel auch, daß die Priester ebensogut wie das Volk fasten mußten".

rianten 8 und 10 und 300 sowie 300, 10, 8 auch die dem Barn sehr nahe kommende des Codex Cottonianus: 10 und 8 und 300. Da man weder annehmen darf, daß Barnabas der LXX-Text so vorlag, wie wir ihn in unseren Ausgaben lesen, noch, daß die auf uns gekommenen LXX-Handschriften alle, einmal vorhandenen, Varianten uns erhalten haben, wird man aus all dem folgern müssen, daß Barnabas die Zahlenfolge in 9, 8 — genauso, wie er sie dort bringt — einer griechisch geschriebenen Quelle, vielleicht einer Gen-Handschrift oder einem Exzerpt davon, entnommen hat. Aus 9, 8 zu schließen, er habe Hebräischkenntnisse besessen, ist ein Unding.

Wesentlich belangreicher als die Frage nach der Person des Barnabas ist die nach dem sachlichen Verhältnis zwischen ihm und der von ihm verwendeten Tradition. Es war wahrscheinlich geworden, daß es sich bei ihr um Schulgut handelt, an dessen Überlieferung und Weitergestaltung Barnabas selbst als Lehrer aktiv beteiligt ist. Schon von daher liegt die Annahme nahe, daß es zwischen ihm und seiner Tradition keine sachlichen Spannungen gibt, daß er sich ihre Aussagen zu eigen macht. Dieses allgemeine Urteil kann im einzelnen untermauert werden. Denn die Hinzufügungen des Barnabas zu seiner Tradition — sowohl die ad hoc als auch die schon vorher angebrachten — zeigen durch nichts an, daß sie die Vorlagen in irgendeiner Weise korrigieren wollen. Die meisten von ihnen unterstreichen einfach das, was das jeweilige Traditionsstück selbst schon sagt (2, 2f. 9. 10b; 10, 2; 12, 6a; 14, 7; 16, 7; 19, 1b.c; 20, 1b und die Bemerkungen in 8, 1; 9, 5), oder sie erweitern es um ähnliche oder doch in seinem Rahmen liegende Aussagen (4, 14; 9, 6d; 10, 6-8. 11; 12, 1. 4; 16, 3f. 5 und die von den natürlichen Erweiterungen in cc 19f, die eventuell auf Barnabas selbst zurückgehen). Wo Barnabas zusätzlich andersartige Auslegungen bringt, so stehen sie da doch nicht in Konkurrenz zur Vorlage, sondern sind lediglich als Bereicherung gedacht (6, 9[141]; 6, 17-19[142]; 7, 11; 11, 8; 12, 8). In 8, 2 handelt es sich nur um eine Übergangswendung und in 12, 7 um eine allgemein gehaltene Zwischenbemerkung. Ein verändernder Zusatz ist möglicherweise 9, 1d zusammen mit den redaktionellen Sätzen 9, 1a. 3d. Doch ist weder ersichtlich, wie die vorausliegende unkommentierte Zitatensammlung verstanden sein wollte[143], noch kann man voraussetzen, daß Barnabas ihren ursprünglichen Sinn kannte; für ihn handelt es sich bei ihr wohl um „Rohmaterial". Leichte Akzentverschiebungen bewirken die Zusätze in

---

[141] Dieser Vers hat zudem auch eine redaktionelle Funktion; vgl. o. S. 16. 28.
[142] In diesen Versen kann man eine Korrektur des Vorangehenden nur dann erblicken, wenn dieses im Sinne einer realized eschatology verstanden wird. Das ist zwar möglich, aber nicht zwingend.
[143] Was Prigent als Zweck der Sammlung angibt (55. 59), ist recht spekulativ gewonnen.

7, 5 und 7, 10 — der erste, indem er die Vorlage in einen weiteren Rahmen stellt, der zweite, indem er zusammenfassend nur einen — allerdings wichtigen — Teilaspekt betont. Hier zeigt sich, daß die Redaktion des Barnabas gewisse sachliche Schwerpunkte setzt. Doch ist das nicht überzubewerten. Genau soviel liegt ihm an reichlicher Mitteilung des überkommenen Materials und eigener Einfälle dazu, wie es sich aus seinem Vorgehen in c 12 deutlich ergibt. Er führt hier ein Traditionsstück vollständig an, dessen Schlußteil aber nicht zu dem von ihm selbst in 11, 1 und 12, 1 angekündigten Thema paßt. Käme es ihm wirklich auf dessen konsequente Verfolgung an, wäre es ein Leichtes gewesen, diesen Schlußteil zu streichen; aber er unterläßt das nicht nur, sondern gibt dazu noch in 12, 8 ad hoc eine eigene Auslegung, die auf das selbst angegebene Thema keinen direkten Bezug nimmt.

Aus all dem ist zu schließen, daß sich Barnabas in seinem theologischen Standort nicht von dem seiner Tradition unterscheidet. Deshalb dürfen wir bei dem Versuch einer Bestimmung seiner Theologie die von ihm übernommene Tradition ohne weiteres mitbenutzen. Die Theologie des Barnabas ist also nicht sein eigenes Werk, sondern seine Theologie ist nichts anderes als die Theologie der Schule, der er angehört.

B. GRUNDZÜGE DER THEOLOGIE DES BARNABASBRIEFES

I. Vorbemerkungen

Der Folgerung, die wir aus der Art der Zusätze des Barnabas zu seiner Tradition gezogen haben, daß nämlich diese zur Beschreibung seiner Theologie ohne weiteres ausgewertet werden darf, könnte die Frage entgegengestellt werden, ob denn die von ihm verwendete Tradition theologisch überhaupt eine Einheit bildet. Enthält sie nicht völlig Verschiedenes, ja sogar Gegensätzliches? In der Literatur zum Barn hat man wiederholt gemeint, Widersprüche und daher eine Uneinheitlichkeit des ganzen Briefes feststellen zu müssen. So hebt z. B. Windisch hervor, daß in cc2f. 16 ,,Tempelwesen, Opferritual und Fastengebrauch" prinzipiell verurteilt werden, nach cc7f dagegen ,,auf positiven göttlichen Vorschriften beruhen"[1]. Ähnlich gelte in 9, 4 die jüdische Beschneidung als ein Werk des Teufels, nur wenige Verse später aber (9, 7f) nehme Barnabas diese Aussage ,,eigentlich" wieder zurück, da die Auslegung der von Abraham ausgeübten Beschneidung deren rechtmäßigen Vollzug voraussetze[2]. Ist es demnach so, daß Barnabas hier recht gedankenlos verschieden orientierten Traditionen folgt, wobei er sich dann einer Richtung anschlösse, da ja das Stück 9, 7f aus seiner Feder stammt[3]? Doch bevor man Barnabas der Naivi-

---

[1] 343, vgl. 348, weiter Schmid 1214; Prigent 100. 111.
[2] 357, vgl. 352. 355 und die zusammenfassenden Bemerkungen S. 393. Vgl. auch schon Völter, Väter 350, sowie Prigent 58f.
[3] Das ergibt sich zumindest aus Prigents Buch. — Prigent spricht oft von der Theologie der antikultischen Testimonien, auf die er jedoch mehr hinweist, als daß er sie entfaltet; nur am Schluß geht er etwas ausführlicher auf sie ein (217). Was er hier als Bestand einer kultpolemischen Testimoniensammlung angibt, ist ein recht eigenartiges Gebilde, das sich kaum als ein ursprüngliches Dokument verstehen läßt. Das Seltsamste aber ist, daß Prigent die Theologie dieser Sammlung aus dem Kontext der Zitate gewonnen haben muß, den er jedoch Barnabas selbst zugeschrieben hat. Die Zitate für sich genommen sind nicht eindeutig dahingehend zu verstehen, daß Gott von Anfang an nur einen geistigen Kult beabsichtigte. Das zeigen Justin, Irenäus u. a., die ja dieselben Zitate gebrauchen können, ohne die nur im Barn anzutreffende scharfe Konsequenz zu ziehen. — Der von Prigent behauptete andere theologische Hintergrund der ,,Midraschim" (Zusammenfassung S. 218 — wie Barnabas beides in einem Brief zusammen bringen kann, wird nicht gefragt) ist wenig über-

tät zeiht, sollte erwogen werden, ob es sich bei den genannten Widersprüchen um nur scheinbare Widersprüche handelt, ob es nicht für ihn eine Notwendigkeit gibt, die ihn zwingt, so zu schreiben, wie er es tut. Von welchem theologischen Denkansatz her sind seine Ausführungen möglich oder gar notwendig?

Bei der Betrachtung der Rahmenkapitel 1, 17 und 21 haben wir u. a. einen ersten Einstieg in die Theologie des Barnabas versucht und dabei eine gewisse gesetzliche Grundhaltung festgestellt. Bevor wir dem im einzelnen weiter nachgehen und bevor wir das Briefganze in den Blick nehmen, scheint es mir zunächst nötig zu sein, nach dem Schriftverständnis des Barnabas und seines Kreises zu fragen. Denn da im ungleich größeren, ersten Teil seines Briefes Schriftzitate nicht nur äußerst zahlreich sind, sondern eine diesen Teil tragende Funktion haben, wovon bloßes Lesen überzeugt, muß die Schrift für ihn und den Schulbetrieb, dem ja die hier verwendete Tradition entstammt, eine besondere Rolle spielen. In deren genauer Erkenntnis liegt m. E. der Schlüssel zum theologischen Verständnis des Barn.

Bevor wir an diese Aufgabe herangehen, sei noch eine Bemerkung zum Sprachgebrauch vorangestellt. Die von Barnabas angeführten Zitate gehen bis auf wenige Ausnahmen auf das Alte Testament zurück. Diese Bezeichnung wird jedoch in dieser Arbeit vermieden, weil Barnabas sie nicht verwendet; das ist bei ihm nicht nur chronologisch bedingt — da es zu seiner Zeit noch kein dem Alten Testament gegenüberstehendes Neues Testament gab[4], was jedoch kein absolutes Hindernis für eine solche Redeweise wäre[5] —, sondern hat eine tiefere Ursache in seinem theologischen Grundansatz. Deshalb sprechen wir statt vom Alten Testament von der „Schrift" (γραφή), worin auch die eben erwähnten Ausnahmen einbegriffen sind. Barnabas gebraucht dieses Wort wiederholt in Zitationsformeln[6]. Welche konkrete Gestalt

---

zeugend herausgearbeitet. Nach ihnen seien die Riten „kein Irrtum, sondern ein Typos" (111); wenn er aber S. 146 von diesen Riten als „nichts als Typen" im Gegensatz zur Auslegung des Hebr spricht, wird der herausgestellte Gegensatz zu den Testimonien ebenso uneinsichtig wie das behauptete Fehlen einer antijüdischen Tendenz. — Schließlich sei noch auf einen Widerspruch hingewiesen: 114 und 146 schreibt Prigent Barnabas antijüdische Polemik zu, während er 218 f sowohl bei den „Midraschim" als auch bei Barnabas dasselbe Zurücktreten antijüdischer Polemik beobachtet — um die Abfassung des Briefes in das von ihm vermutete Herkunftsgebiet der „Midraschim" verlegen zu können.

[4] Zur christlichen Bibel bis zu Origenes vgl. Campenhausen, Entstehung passim.
[5] So kann schon Paulus von der „Vorlesung des Alten Testamentes" reden: 2 Kor 3, 14.
[6] 4, 7. 11; 5, 4; 6, 12; 13, 2; 16, 5.

diese Schrift für ihn und seinen Kreis hatte, dazu sind weiter oben einige Hinweise gegeben worden[7].

II. Das Schriftverständnis

Ein erster Hinweis auf die Bedeutung, die die Schrift für Barnabas hat, kann aus seiner Argumentation zum Problem des jüdischen Kultus und zur Frage, wem die Diatheke gilt, gewonnen werden.

Die Aussage in 2, 4, daß Gott keine Opfer braucht, wird in 2, 5 damit belegt, daß er es selbst in der Schrift so sagt, daß er sie gar nicht gefordert hat. Das ist eine Feststellung grundsätzlicher Art; nichts weist darauf hin, das Zitat als Polemik gegen schlechte Gesinnung beim Opfern oder im Sinne einer Vorausoffenbarung zu verstehen, daß das Opfern jetzt nicht mehr nötig sei, während es doch einst zu Recht bestanden habe. Diese letztere Vorstellung aber könnte der Vers 2, 6 assoziieren, der aus dem Vorangehenden folgert, Gott habe das Opfern für nichtig erklärt, damit „das neue Gesetz unseres Herrn Jesus Christus" von menschlicher Opfergabe frei sei. Aber einerseits ist festzustellen, daß die Opfer nicht durch den Hinweis auf ein christologisches Datum für nichtig erklärt werden[8], sondern ausschließlich durch aus der Schrift zitierte Gottesworte (2, 5. 7), und zum anderen bringt das Erscheinen Christi keineswegs ein „neues Gesetz"; denn sobald dieses Gesetz dargelegt wird, werden wieder nur Schriftworte zitiert (2, 10; 3, 3). Das „neue" Gesetz ist also kein anderes als das „alte"[9], nur daß es jetzt von den Christen so verstanden wird, wie es Gott schon immer verstanden wissen wollte[10]; es ist das, was Gott in der Schrift fordert. Wie das Opfern wird in 3, 1f das Fasten für falsch erklärt, ohne daß dafür ein christologischer Bezugspunkt gegeben wird; Gott selbst hat bereits in der Schrift so gesprochen. Nicht ein christliches Heilsdatum also hat die jüdischen Einrichtungen des Opferns und Fastens eschatologisch relativiert und abgeschafft, sondern die Schrift selbst sagt, daß diese Einrichtungen grundsätzlich und zu jeder Zeit falsch sind

---

[7] S. o. S. 56f mit Anm. 114 zu Teil A.
[8] Vgl. Klevinghaus 20 Anm. 1, der mit Recht sagt, daß καταργεῖν in 2, 6; 9, 4; 16, 2 nicht im Sinne eines eschatologischen Aktes, sondern als Seinsurteil zu verstehen ist.
[9] Vgl. auch Goppelt, Christentum 216.
[10] Die Grundsätzlichkeit des Urteils gegen Opfern, Fasten usw. als schon immer ungültig ist wiederholt bestritten worden: Ladeuze 32f; Haeuser 15. 54 (Anm. 3 auf S. 55). 59. 62. 87. 90. 119; Thieme, Kirche 30; Kleist 33f mit Anm. 105 auf S. 176.

und waren, und gibt an, was wirklich der Wille Gottes ist[11]. Sie ist demnach für Barnabas die entscheidende Autorität.

In 9, 4f wird das Urteil über die jüdische Beschneidung nicht vom Christusereignis her gefällt und auch in keiner Weise zu ihm in Beziehung gesetzt. Gott selbst hat gesagt, daß er keine fleischliche Beschneidung will[12]; das wird mit Schriftzitaten belegt, die auch sagen, was Gott wirklich will.

Ebenso wird in 16, 1f der Tempel für nichtig erklärt. Das ist er nicht erst durch das Christusereignis geworden, sondern laut Gottes in der Schrift gemachter Aussage schon immer gewesen[13].

In c13 entscheidet Barnabas die Frage, welches Volk „erbt", die Juden oder Christen, allein von der Schrift her. Christus wird hier an keiner Stelle erwähnt.

Besonders aufschlußreich ist in dieser Hinsicht c15, das den Sabbat zum Thema hat. Barnabas verfährt nun nicht so, daß er den jüdischen Sabbat durch die christliche Sonntagsfeier für aufgehoben erklärt, sondern er legt zunächst mit Hilfe von Schriftzitaten dar, was unter dem Sabbat und seiner Feier eigentlich und richtig zu verstehen ist: Der Sabbat ist die künftige Zeit der Ruhe Gottes, die andere Welt, nachdem diese Welt zu ihrem Ende gekommen ist; den Sabbat feiern aber heißt: sündlos sein, und zu dieser Feier werden die Christen an jenem Sabbat fähig sein, wenn sie vorher selbst geheiligt worden sind (vv 1-7). Wiederum mit einem Schriftzitat werden dann die jüdischen Sabbate als falsch erwiesen (v 8a). Erst danach erwähnt Barnabas die christliche Sonntagsfeier. Sie hat ihre Begründung im wahren Sabbat (= der anderen Welt), der der achte Tag ist und mit dem siebten Jahrtausend beginnt (vv 8b. 9a). Nun schließlich stellt Barnabas in einem Relativsatz „auch" noch fest, daß Jesus am Sonntag auferstanden, erschienen und in die Himmel aufgestiegen ist

---

[11] Vgl. Klevinghaus, der ausführt, daß nicht die Erscheinung Christi den jüdischen Kultus überflüssig mache, sondern ein besseres Verständnis der Schrift: „Also ist nach dem Brnbrief die Kultordnung Israels nicht als ein Stück der atl Heilsordnung mit dieser durch die in und mit Christus gegebene Ordnung als eine vorläufige unvollkommene, mit dem Kommen der neuen Ordnung veraltete aufgehoben, sondern sie ist dadurch aufgelöst, daß die Kirche eine bessere, und zwar die einzig richtige Einsicht in die eine Heilsordnung Gottes empfangen hat" (29).

[12] In 9, 4 wird die Grundsätzlichkeit des Urteils über den jüdischen Kultus besonders deutlich, wenn es von den Juden heißt, daß sie das Gebot Gottes gegen die fleischliche Beschneidung „übertreten haben, weil ein böser Engel sie betört hat".

[13] Daß Barnabas „in dem Jerusalemer Bauwerk den wahren Tempel Gottes als präfiguriert" erkenne (Pohlmann, Erbauung 1058), ist ein reines Postulat und angesichts von 16, 1-5 ein völlig unverständliches.

(v 9b)[14], ohne daß er einen Begründungszusammenhang zwischen diesem Ereignis und der Sonntagsfeier anzeigt. Obschon er doch sicherlich von der Begründung der Sonntagsfeier durch die Auferstehung Jesu gewußt hat, stellt er beides einfach nur nebeneinander und versucht stattdessen, sie in seiner vorangehenden Schriftauslegung zu begründen, wobei er mit dem Nebeneinander der Zahlen Sieben und Acht fertig werden muß. Nicht die Auferstehung Jesu legitimiert es, daß die Christen den Sonntag feiern, sondern der Sabbat, den Gott in der Schrift gemeint hat[15].

Nach den besprochenen Stellen ist die Schrift die alles entscheidende Autorität; sie ist es in ungebrochener und von nirgendwoher — auch nicht von Jesus her — relativierter Weise. Daher ist sie von zeitloser Gültigkeit. Was sie sagt, hat nach der Intention Gottes schon immer gelten sollen und gilt auch noch jetzt. So hat die Aufteilung der Schriftworte in cc 2f auf Juden und Christen keine wesentliche Bedeutung[16]: Das Zitat in 2, 5 über die Ablehnung des Opferns ist zwar als an die Juden gerichtet gedacht[17], aber nach 2, 4 hat Gott damit doch „uns" offenbart, daß er keine Opfer braucht. Und umgekehrt enthält auch schon das den Juden gesagte Zitat in 2, 7f das von Gott wirklich Gewollte und nicht nur das von ihm Abgelehnte. Dieselbe Beobachtung bieten die „an sie" gerichteten Zitate in 9, 5. Grundsätzlich steht dem Verstehen der Juden also nichts entgegen. Das gilt nicht nur für die Juden der Gegenwart, sondern auch schon für die der Vergangenheit: Nach 12, 8 sollte an der Benennung des Sohnes Naves mit „Josua" (= Jesus) das Volk nichts anderes erkennen, als daß „der Vater alles über den Sohn Jesus offenbart"; und nach 6, 8f wies die Aufforderung, in das gute Land hineinzugehen, es an, auf den ihm künftig offenbar werden sollenden Jesus zu hoffen.

Dem zeitlos gültigen Sinn der Schrift entspricht es auch, daß schon Moses selbst bei der Speisegesetzgebung ausschließlich ein geistiges Verständnis intendiert hatte (10, 1f. 9). Ihm pflichtet David bei, der dieselbe Erkenntnis zeigt (10, 10). Und als Jakob den jüngeren Eph-

---

[14] Das nächstliegende Verständnis dieser Stelle ist, daß Barnabas hier einer Tradition folgt, nach der Auferstehung, Erscheinung(en) und Himmelfahrt am selben Sonntag geschahen. Alle anderen Erklärungen (vgl. etwa Müller 314; Haeuser 87; Thieme, Kirche Anm. 80 auf S. 234; Barnard, Homily 78, Day 106f) sind sehr gezwungen.

[15] Vgl. auch Bousset, Kyrios 26, der allerdings meint, Barnabas begründe die Sonntagsfeier „mit einer merkwürdigen eschatologischen Zahlenspielerei".

[16] Sie dient einmal als Stilmittel (vgl. o. S. 18f) und beruht zum anderen darauf, daß die Christen nicht opfern, sie also die das Opfer ablehnenden Worte gar nicht nötig haben.

[17] Das zeigt das πάλιν in 2, 7.

raim und nicht den älteren Manasse segnete[18], wollte er damit lediglich anzeigen, daß die Christen Erbe der „Diatheke" sind und nicht die
Juden (13, 5). Wird die Schrift in dieser Weise verstanden, liegt
natürlich nichts an der historischen Situation ihrer Worte und Erzählungen als einer gegenüber der christlichen Gegenwart qualitativ
anderen Zeit. Das zeigt sich besonders deutlich in 12, 2f. 5: Innerhalb
der Wiedergabe des Ex 17, 8ff erzählten Kampfes der Israeliten gegen
die Amalekiter berichtet Barnabas, daß Moses einen „Typos des
Kreuzes und dessen, der leiden wird", machen sollte, und läßt dann
die Situation der Amalekiterschlacht mit dem allgemeinen Urteil
hinter sich, daß sie, die Israeliten bzw. Juden, „ewig bekriegt werden
werden", wenn sie nicht auf den Gekreuzigten hoffen (v 2). Diesen
Sinn, faktisch eine Drohung gegenüber den Juden der Gegenwart,
hat die wiedergegebene Geschichte auch nach der ausdrücklichen Auslegung in v 3: Die Juden sollen „erkennen, daß sie nicht gerettet werden können, wenn sie nicht auf ihn hoffen". Auch in v 5, wo Barnabas
nach Num 21, 6ff referiert, erscheint unvermutet eine futurische Aussage: Die von den Schlangen gebissenen Israeliten starben, „damit
er sie überführe, daß sie um ihrer Übertretung willen in Todesbedrängnis dahingegeben werden werden". Das auffällige Futur hindert daran,
anzunehmen, daß mit der Übertretung die — von Barnabas auch gar
nicht wiedergegebene — in Num 21, 5. 7 genannte gemeint ist; hier
sind nicht speziell die Israeliten der Wüstenzeit im Blick, sondern die
Juden überhaupt, deren Übertretung es ist, daß sie nicht auf Jesus
gehofft haben und nicht auf ihn hoffen, sondern ihn töteten.

Wird aber die Zeit biblischer Erzählungen in solch radikaler Weise
belanglos, geht es nicht an, bei Barnabas von Typologien zu sprechen,
sofern man „Typologie" prägnant versteht als Methode, die — so
Goppelt[19] — in der Schrift vorabbildende Teilverwirklichungen eines
vollkommeneren Künftigen erkennt oder — so präziser Bultmann[20] —
Vorabbildungen und Vorausdarstellungen findet, die Personen, Ereignissen oder Einrichtungen der Heilszeit entsprechen. Hier wird die
Zeit des Typos zur Heilszeit in Beziehung gesetzt; sie wird zur Vorgeschichte, die als solche einen relativen Wert zugesprochen erhält.
An den schon angeführten Stellen 13, 5; 12, 2. 5 gebraucht Barnabas
zwar auch das Wort τύπος, aber es hat bei ihm nur den Sinn einer

---

[18] Thieme (Kirche 51 mit Anm. 69 auf S. 233 und Christen 56) und Kleist (178) stellen
die Tendenz des Stückes auf den Kopf, wenn sie den letzten Satz in 13, 5 auf Manasse
beziehen. Vgl. o. S. 45 mit Anm. 92.

[19] Typos 18f.

[20] Typologie 205—208.

bloßen Anzeige: Als Joseph seine Söhne Jakob zum Segnen zuführt, erblickt dieser „durch den Geist einen Typos des späteren Volkes", und nur, um das anzuzeigen, segnet er Ephraim. Als die Israeliten sowohl durch die Amalekiter als auch durch Schlangen bedrängt werden, macht Moses einen Typos Jesu, um die Rettung durch ihn anzuzeigen, wobei — wie gezeigt — das damalige Geschehen in dieser Anzeige aufgeht. Zugespitzt kann man diesen Sachverhalt so ausdrücken, daß für Barnabas der Typos nicht in dem damaligen Geschehen liegt, sondern im geschriebenen Buchstaben, der zeitlos einen und denselben Sinn behält; die berichteten Ereignisse haben als solche keine eigene Bedeutung, allein wichtig und richtig ist die allzeit gültige Erkenntnis, die aus dem Geschriebenen gewonnen werden muß[21].

Was also bei Barnabas durch den Gebrauch des Wortes τύπος zunächst den Anschein erweckt, als handle es sich um Typologie, ist bei näherem Hinsehen nichts anderes als Allegorese, wie er sie etwa in c 10 bei der Auslegung der Speisegesetze treibt, die er als ethische Weisungen versteht. Eine Unterscheidung von Typologie und Allegorese bei Barnabas ist demnach bestenfalls vom jeweils ausgelegten Stoff her möglich, indem es sich einmal um „Berichte", zum anderen um „Reden" handelt, aber nicht von der Intention der Auslegung selbst her; deshalb ist eine solche Unterscheidung irreführend.

Für Barnabas bezeichnend ist es nun wieder, daß er die Rechtfertigung für seine allegorische Auslegung in c 10 in der Schrift selbst erblickt, weshalb er zitiert: „Und ich werde gegenüber diesem Volk meine Rechtsforderungen verfügen" (v 2). Bei den Speisegesetzen handelt es sich für Barnabas also um δικαιώματα, und diese wiederum sind für ihn eo ipso ethische Forderungen[22]. Auch die Speisegesetze werden damit nicht von Christus her relativiert; als Schriftworte haben sie vielmehr unbedingte Gültigkeit — allerdings in ganz anderer Bedeutung als die Juden meinten, aber auch das zeigt die Schrift selbst an.

---

[21] Deshalb ist es verfehlt, bei Barnabas einen doppelten Schriftsinn und eine Auseinandersetzung nach zwei Seiten finden zu wollen (so Meinhold 263. 265): Barnabas stoße zwar das Judentum als religiöse Größe völlig ab — als solche gehöre es in keiner Weise in die Vorgeschichte des Christentums —, und doch würden in ihm, in seinen pneumatisch verstandenen Urkunden, großen Gestalten und Institutionen, die Vorbilder festgestellt, die ihre volle Verwirklichung im Christentum erführen, das so eine Vorgeschichte erhalten habe (257. 265f. 297).

[22] Windisch 358; vgl. bes. 2, 1; 21, 1. In 1, 2 und 4, 11 meint Windisch, δικαιώματα als „Heilsoffenbarungen, Gnadenerweisungen" verstehen zu müssen (303). Hat man jedoch erkannt, daß für Barnabas Gottes „Gnadenerweisungen" eben in der Mitteilung seiner Rechtsforderungen bestehen (vgl. u. Abschnitt III), braucht man keinen doppelten Sprachgebrauch anzunehmen.

Wie aber kommt Barnabas zu seinen Auslegungen? Er hat ein
naives christliches Vorverständnis: Die Propheten haben ihre Be-
gabung zur Prophetie von Christus erhalten, und so „haben sie auf ihn
prophezeit" (5, 6). Durch sie hat er „uns" offenbar gemacht, daß er
keine Opfer braucht (2, 4), durch sie das Vergangene und Gegenwärtige
kundgetan (1, 7), und das heißt mit anderen Worten, daß er „uns"
über alles im voraus Offenbarung gegeben hat (3, 6; 7, 1), so auch über
die Taufe und das Kreuz Jesu (11, 1). Setzt Barnabas also voraus, daß
die Schrift „christlich" verstanden werden will, so sagt er doch an
keiner Stelle, daß sie sich erst „in Christus" erschließt[23], und er kann,
wenn die Schrift eine nicht von Christus her relativierte Autorität mit
zeitlos gültigem Sinn ist, auch nicht unausgesprochen eine solche Überzeugung haben. Er sagt lediglich, daß Gott[24] „uns" Erkenntnis gegeben und weise gemacht (5, 3), daß er „Weisheit und Einsicht" in
„uns" gelegt hat (6, 10) sowie „das eingepflanzte Geschenk seiner
Lehre" (9, 9). Besonders aufschlußreich sind in dieser Beziehung die
zusammenhängenden Ausführungen in 8, 7; 9, 1-3; 10, 12: Hier gibt
Barnabas als Ursache für das richtige Verstehen der Christen an, daß
Gott sie an Herzen und Ohren beschnitten hat. Dieses Beschnittensein
der Christen aber wird nicht christologisch begründet, sondern wiederum ausschließlich mit Schriftzitaten belegt. Letztlich begründet
also die Schrift selbst ihr eigenes Verstehen, ihre Aussagen sind evident; man muß nur das tun, was die Juden nicht getan haben und
nicht tun, nämlich „hören" (8, 7). So appelliert Barnabas an seine
Leser, nicht unverständig zu sein (2, 9), sondern zu verstehen (4, 6;
vgl. 6, 5) und einzusehen (7, 1; 8, 2), und wünscht, daß Gott ihnen
„Weisheit, Verständnis, Einsicht und Erkenntnis seiner Rechtsforderungen" gebe (21, 5).

Nach diesen Erörterungen kann nun versucht werden, das Schriftverständnis des Barnabas und seiner Schule zusammenfassend darzustellen. Die Schrift ist hier die einzige und alles entscheidende Autorität. Was sie sagt, ist immer gültiges Gotteswort, das nie anders verstanden sein wollte, als es jetzt verstanden wird, und das durch nichts
— auch nicht in bestimmten Teilen — überholt worden ist. Die Schrift
spricht zwar wesentlich von Jesus, aber Jesus ist keine eigene Autorität neben oder gar über ihr. Gilt für die neutestamentlichen Autoren

---

[23] Nach 2 Kor 3, 14 gilt für Paulus: „Erst ‚in Christus' erschließt sich der wahre Sinn
    des Alten Testamentes" (Vielhauer, Paulus 34).
[24] An den im folgenden genannten Stellen 5, 3; 6, 10 steht als Subjekt κύριος. Nach
    den sachlich parallelen Stellen 1, 7; 21, 5 dürfte damit Gott gemeint sein.

„der Kanon, daß die Christustatsache Norm und Regulativ für alle Schriftbenutzung zu sein hat"[25], so gilt für Barnabas umgekehrt, daß sich alles, was christlicherseits gesagt wird, an der Schrift ausweisen muß. Beachtet man diese einzigartige Dominanz der Schrift, kann man von einer wechselseitigen Normierung sprechen: Die Voraussetzung, daß die Schrift ein „christliches" Buch ist, leitet zwar ihr Verständnis und ihre Auslegung, es haben aber andererseits nur die christlichen Erkenntnisse und Daten Anspruch auf Gültigkeit, die sich von der Schrift her rechtfertigen lassen.

Deshalb bemüht sich Barnabas so sehr um die Schriftgemäßheit seiner Aussagen. So hatten wir schon bei der Besprechung von c 15 gesehen, daß er eine vorgegebene christologische Begründung für die Sonntagsfeier nicht übernommen hat, sondern stattdessen versucht, ihr an der Schrift Anhalt zu geben. Es ist auch keine im Grunde überflüssige Spielerei, wenn er die Passion Jesu ausführlich und mit vielen Einzelheiten aus der Schrift belegt, ja sie sogar mit Schriftworten erzählt (5, 5-14; 6, 6-9; 11, 8; 12, 1-7). Den hier befolgten Grundsatz zitiert er ausdrücklich in 6, 7a: „Weil er also im Fleisch offenbar werden und leiden sollte, ist das Leiden im voraus offenbart worden". Was nach Gottes Willen geschehen sollte, hat er in der Schrift angekündigt. So verhält es sich auch mit der Auferstehung Jesu (6, 1-4), mit der christlichen Taufe (c 11) und mit der Übermittlung der Diatheke an die Christen durch Jesus (14, 6-9).

Muß also Barnabas einerseits jede christliche Aussage — soll sie legitim sein — als schriftgemäß erweisen, so muß er andererseits jedem Satz der Schrift — da sie ja absolute Autorität ist — einen zeitlos gültigen Sinn abgewinnen. Damit kommen wir nun auf die in den Vorbemerkungen erwähnten „Widersprüche" zu sprechen[26]. Die gegen die Beschneidung gerichteten Gottesworte (9, 5) haben für Barnabas grundsätzliche Bedeutung; las er nun in der Schrift die Geschichte von der Abrahamsbeschneidung, so mußte sie für ihn einen Sinn haben, der mit der Beschneidung nichts zu tun hat[27]. Indem er aus Gen 14, 14 die Anzahl der beschnittenen Knechte mit 318 erschließt und dann aus dieser Zahl eine Voraussage auf Jesus und das Kreuz gewinnt, was auch die von Abraham selbst mit der Beschneidung verfolgte Ab-

---

[25] So Schrenk 760. Entsprechend schreibt von Campenhausen in bezug auf Paulus: „Er kennt nur den einen Weg, der von Christus zur Schrifterkenntnis führt, und dessen Richtung läßt sich nicht umkehren" (Entstehung 37).

[26] Vgl. o. S. 71.

[27] Klevinghaus sieht in 9, 7f den Versuch, „aus einer Verlegenheit herauszukommen, die durch den biblischen Tatbestand entsteht" (23).

sicht gewesen sei (9, 7f), zeigt er, daß das der in der Schrift niederge-
schriebenen Erzählung zugrunde liegende Geschehen, also hier die von
Abraham ausgeübte Beschneidung, völlig belanglos ist und keineswegs
das zuvor in 9, 4 aufgestellte Urteil über die Beschneidung aufheben
kann[28]. Genauso verhält es sich mit den in cc7f ausgelegten Opferbräuchen. Die grundsätzliche Ablehnung der Opfer (c2) wird durch
sie nicht beeinträchtigt; denn auch hier spielt das tatsächliche Opfer-
geschehen als solches keine Rolle, sondern wichtig sind die Erkenntnisse, die Barnabas aus den Berichten über sie gewinnt und die mit
den Opfern selbst in keinem wesentlichen Zusammenhang stehen.
Obwohl in cc7f wie in cc12f öfters das Wort τύπος begegnet, sind
diese „Typen" hier so wenig wie dort im voraus geschehene Entsprechungen zur Heilszeit[29], so daß sie eine Vorgeschichte des Christentums bildeten, sondern sie sind bloße Voraussagen ohne jede eigene
auch nur relative Dignität[30].

Es zeigt sich also, daß für Barnabas zwischen c2 und cc7f sowie
zwischen 9, 4-6 und 9, 7f keine Widersprüche bestehen; von seinem
theologischen Ansatzpunkt aus, daß die Schrift die allgültige Norm
ist, muß er so schreiben, wie er es tut. Doch kennt er in formaler Hinsicht in seinem Schriftgebrauch kein methodisches Prinzip der Auslegung oder ein System von Auslegungsregeln. Ob ein Schriftwort
wörtlich oder übertragen zu verstehen sei[31], worauf es zu beziehen ist,
hängt einzig davon ab, was Barnabas von seinen Voraussetzungen her

---

[28] Windisch meint, mit 9, 7f sei 9, 1-6 „desavouiert oder aufgehoben" (357), weil 9, 7f
den rechtmäßigen Vollzug der Beschneidung voraussetze. Das ist jedoch lediglich
die Konsequenz, die der moderne Ausleger zieht, die aber Barnabas nicht gezogen
hat. Er muß von seiner Basis aus mit dem Bibeltext, soweit er ihn kennt, fertig
werden; und er ist im Falle der Abrahamsbeschneidung stolz darauf, es so gut ge-
schafft zu haben (9, 9).

[29] Eine Ausnahme bildet vielleicht der Einschub in 7, 3, wo es von dem „an Isaak geschehenen Typos" heißt, daß er durch das Opfer Christi „vollendet" wird. Doch
darf diese vereinzelte Stelle das im übrigen eindeutige Gesamtbild nicht verwischen,
zumal in dessen Rahmen die Aussage von der Opferung Isaaks auch einfach als
Anzeige des Opfers Christi verstanden werden kann, das nun als erfolgt registriert
wird.

[30] Goppelt stellt fest, daß die Kapitel 7 und 8 „nicht wirklich typologisch" sind; es
liege „im Grunde keine typologische Vergleichung zweier Einrichtungen, die Ausdruck einer Gottesordnung sind ..., sondern allegorische Auslegung des Buchstabens
vor, mögen die verglichenen Vorgänge auch als real gedacht sein" (Typos 246; vgl.
auch Goppelt, Christentum 216 mit Anm. 2, 217, und Oesterreicher 64).

[31] Schlicht falsch ist die häufig wiederholte Behauptung, Barnabas habe die wörtliche
Bedeutung der Schrift völlig preisgegeben und kenne nur einen geistlichen Sinn (so
etwa Bardenhewer 105; Muilenburg 85; Schmid 1214). Wörtlich verstanden sind
im Barn z. B. die Zitate in cc2f.

sachlich damit anfangen kann. Damit nimmt er zwar faktisch eine recht freie Stellung gegenüber der Schrift ein, die unseren Augen als Willkür erscheint; aber diese Freiheit ist keine grundsätzliche, im Prinzip ist Barnabas vielmehr denkbar fest an die Schrift gebunden, denn es gibt für ihn keinen Punkt, von dem aus ihre absolute Geltung relativiert werden könnte.

Das Schriftverständnis des Barnabas impliziert eine doppelte Frontstellung, einmal gegen die jüdische Auslegung der Schrift, zum anderen aber auch gegen die „normal"-christliche. Mit dem Judentum teilt Barnabas die Überzeugung, daß die Schrift die einzig entscheidende Autorität ist. Wenn dessen Schriftauslegung aber dennoch zu ganz anderen Ergebnissen kommt als seine eigene, dann kann das — von ihm aus gesehen — nur daran liegen, daß die Juden falsch verstanden haben und noch immer falsch verstehen. Sie haben geirrt, wenn sie meinten, sich Gott durch Opfern nähern zu können (2, 9), und ebenso war es ein Irrtum, auf den Tempel zu hoffen, als wäre er ein Haus Gottes (16, 1). Sie sind der Fleischesbegierde gefolgt, als sie Moses Gesetzgebung über verbotene und erlaubte Tiere so auffaßten, als ginge es um Speise (10, 9). Das mit den in cc 7f besprochenen Opferbräuchen Gemeinte ist ihnen „dunkel, weil sie nicht die Stimme des Herrn[32] gehört haben" (8, 7). Zu der von ihnen geübten Beschneidung hat sie „ein böser Engel betört" (9, 4). Dieses scharfe Urteil steht nicht vereinzelt da, sondern wie aus 2, 10 hervorgeht, führt Barnabas auch das Opfern auf teuflische Anstiftung zurück. Angesichts solcher Aussagen, die sich so zuspitzen lassen, daß die Juden bei ihrer Lektüre der Schrift nicht Gott, sondern den dazwischen redenden Teufel hören, wird die rhetorische Frage in 10, 12 nach der Auslegung der Speisegesetze verständlich: „Aber wie hätten jene dazu kommen sollen, das einzusehen oder zu verstehen?"[33]

Bezieht Barnabas also einerseits gegenüber dem Judentum Front, so ist er andererseits aber auch von der üblichen christlichen Schrift-

---

[32] Mit κύριος ist hier, wie das Folgende deutlich macht, Gott als der in der Schrift Redende gemeint.

[33] Die Gegnerschaft des Barnabas gegen das Judentum ist also in seinem theologischen Ansatz begründet; man braucht sie nicht psychologisch zu motivieren, indem man ihn zum Konvertiten macht (dazu vgl. o. S. 67f). — In seiner Rezension der Arbeit von Prigent lobt es Kraft, daß Prigent in bezug auf den Barn von „antikultisch" und nicht von „antijüdisch" spreche, wirft ihm dabei aber mangelnde Konsequenz vor (405). Doch ist hier mit diesem Wechsel der Vokabel nicht viel gesagt: Beide Worte sind nicht dazu geeignet, den Barn grundsätzlich zu charakterisieren; sie bezeichnen aber beide Sachverhalte, die sich folgerichtig aus seinem Grundansatz heraus ergeben.

auffassung stark unterschieden. Indem dort die Schrift der Sache nach zum Alten Testament wird, weil sie nur eine gebrochene, von Christus her relativierte Autorität hat[34], so wird doch eben damit zugleich dem jüdischen Ritualgesetz eine legitime temporäre Gültigkeit zugebilligt, empfängt die Zeit Israels bis zum Kommen Christi die Würde der Vorbereitung. Das aber kann Barnabas nicht zugeben: Muß sich das Christentum an der Schrift ausweisen, ist sie in ungebrochener Weise Autorität, dann kann sie nicht etwas enthalten, das einmal galt, jetzt aber nicht mehr gilt, dann kann es keine Unterscheidung von alt und neu geben. Diese im theologischen Ansatz enthaltene Frontstellung tritt an einer Stelle deutlich hervor. In 4, 6 warnt Barnabas seine Leser, „gewissen Leuten" nachzusprechen: „Die Diatheke gehört jenen und uns"[35]. Da er im Folgenden bestreitet, daß Israel am Sinai die Diatheke wirklich erhalten hat, verbirgt sich hinter dieser These nichts anderes als die übliche christliche Vorstellung vom Alten und Neuen Bund[36]. Barnabas aber kennt von seinem Schriftverständnis her notwendig nur eine „Diatheke", und dann kann es bei der Frage, wem sie gegeben ist, kein die Zeiten unterscheidendes Sowohl-als-Auch, sondern nur ein Entweder-Oder geben[37].

III. Das Gesetz und Christus

In der Untersuchung der Rahmenkapitel hatte sich die Erkenntnis des von Gott geforderten Tuns mit dem Ziel des Bestehens im Gericht als der dort Barnabas bestimmende Gedanke ergeben. Wie verhält es sich damit im übrigen Brief?

---

[34] Vgl. o. S. 78 f mit Anm. 25.

[35] Diesen Text bietet nur L. Von ihm aus können die Varianten von S und H erklärt werden, während das Zustandekommen des L-Textes von S oder H her unerklärlich wäre.

[36] Vgl. Windisch 321.

[37] Vielhauer (Literaturgeschichte — s. Vorwort) meint, daß „der ganze erste Hauptteil des Barn (4—16) ... der Bekämpfung der traditionellen Bundestheologie gewidmet (ist)" und daß der Brief in dieser „innerchristlichen Kontroverse" seinen Anlaß hat. Die Veranlassung des Barn aufgrund von 4, 6 in einer „innerchristlichen Kontroverse" zu sehen, hat viel für sich (dazu s. u. S. 102—105). Doch entspringt die „Bekämpfung der traditionellen Bundestheologie" dem ihr zugrunde liegenden Schriftverständnis; sie ist lediglich dessen Konsequenz — neben anderen Konsequenzen, die Barnabas aus ihm zieht, und somit nur ein Thema neben anderen. Von dem Schriftverständnis und nicht von der Bundestheologie her wird der erste Hauptteil verständlich, zu dem auch cc 2 f gerechnet werden müssen. — Mutatis mutandis gilt dasselbe gegenüber Oepke, der den ganzen Brief vom Gottesvolkgedanken her verstehen will; Barnabas wolle zeigen, nicht die Juden, sondern die Christen seien das einzige und wahre Gottesvolk (49—56).

Es ist schon darauf hingewiesen worden, daß „das neue Gesetz
unseres Herrn Jesus Christus", von dem Barnabas in 2, 6 spricht,
eigentlich kein neues ist[38]; er beschreibt es mit Schriftworten (2, 10;
3, 3), was er nach dem im vorigen Abschnitt dargelegten Ansatz auch
notwendig so tun muß. In 3, 6 stellt er dem „neuen Gesetz" zwar „das
Gesetz jener" (= der Juden) als ein Gesetz gegenüber, an dem man
scheitert, aber bei diesem Gesetz, dessen Inhalt nach dem Vorangehenden Opfern und Fasten sein muß, handelt es sich nicht um ein altes,
das einmal zu Recht in Geltung stand und nun von einem neuen ab-
gelöst wird, sondern es ist aus Irrtum entstanden (2, 9. 10) und war
von Gott nie gewollt (2, 5. 7f; 3, 1f). Von ihm, also faktisch dem
Ritualgesetz, enthält „das neue Gesetz" nichts, es hat „keine von
Menschen bereitete Opfergabe"; deshalb — und nur deshalb — ist es
„ohne Zwangsjoch" (2, 6). Was es enthält, sind „die Rechtsforderungen des Herrn", nach denen zu forschen ja Barnabas in 2, 1 aufgefordert hatte. Sie bzw. ihre Erfüllung sind „das, was uns zu retten
vermag" (4, 1) — τὰ δυνάμενα ἡμᾶς σώζειν in dieser Weise zu verstehen,
legt jedenfalls der Kontext von 4, 1 nahe. Wenn aber somit das Gesetz
und seine Befolgung heilsnotwendig werden, stellt sich die Frage,
welche Rolle dann die Christologie in der Theologie des Barnabas einnimmt. Der Beantwortung dieser Frage sowie der Verdeutlichung des
Gesetzesverständnisses des Barnabas kann eine Untersuchung von c 14
und seiner Dublette 4, 6-8 (5, 1f) dienen.

Es geht hier um die „Diatheke" und ihre Empfänger, Juden oder
Christen. Was aber ist mit διαθήκη gemeint? In 6, 19; 13, 1. 6; 14, 4
steht sie in Beziehung zu Worten vom Stamm κληρονομ-, so daß sie
formal die Bedeutung einer testamentarischen Verfügung hat und
daher mit „Testament" übersetzt werden kann[39]. Ihr Inhalt geht aus
4, 7f; 14, 2f hervor: Nach 4, 7 „empfing (Moses) die Diatheke vom
Herrn, steinerne Tafeln, beschrieben mit dem Finger der Hand des
Herrn". Barnabas identifiziert hier also die „Diatheke" mit den Ge-
setzestafeln, und entsprechend folgert er aus dem Zerbrechen dieser
Tafeln, daß den Juden die „Diatheke" nicht gegeben worden ist (4, 8;

---

[38] Vgl. o. S. 73.
[39] So kommt Klevinghaus zu folgender Definition: „Unter διαθήκη ist nicht ... die
Heilsveranstaltung eines göttlichen Bundes, sondern ein Testament zu verstehen,
d. h. Heilsveranstaltung ist der Erlaß eines Testamentes, das das Erbe, das Heil,
dokumentarisch verbürgt und die zur Erlangung des Erbes notwendigen Bedingun-
gen dokumentarisch festlegt" (15 Anm. 3). — „Im Prinzip" erkennt Behm als Bedeutung von διαθήκη im Barn „Verfügung allgemein" (101f), gesteht aber dann
doch eine „Verengerung" auf „Testament, Vermächtnis" zu (102).

14, 3f). Dieselbe Identifizierung findet sich 14, 2: Moses war auf dem
Sinai, ,,um die Diatheke des Herrn zu empfangen ..., und Moses empfing vom Herrn die zwei Tafeln ...". Die Tafeln sind nicht Symbol
der Diatheke, die dann selbst eine nicht näher bestimmte ,,göttliche
Heilskundgebung" wäre[40], sondern die Tafeln selbst sind die ,,Dia-
theke", genauer: das auf ihnen von Gott Geschriebene, sein hier in Geboten und Verboten niedergelegter Wille. Das macht die Wendung am
Schluß von 14, 3 vollends deutlich: αἱ πλάκες τῆς διαθήκης κυρίου sind
die Tafeln, auf denen ,,das Testament des Herrn" geschrieben steht.

Andererseits ist aber die ,,Diatheke" nicht unlöslich mit den Tafeln
verknüpft; denn nach 14, 4 hat eben die ,,Diatheke", die zwar Moses
empfangen hatte, nicht aber die Juden, ,,der Herr selbst uns gegeben",
obwohl ja die Tafeln zerbrochen waren. Ihr Zerbrechen diente also
lediglich dem Erweis dessen, daß die Juden die ,,Diatheke" nicht empfangen haben, bedeutet aber nicht, daß diese selbst erledigt ist[41].
Haben vielmehr die Christen sie, die den Willen Gottes enthält, empfangen, so ist sie, ,,das Testament des Geliebten Jesus" (4, 8), mit dem
,,neuen Gesetz unseres Herrn Jesus Christus" (2, 6) identisch; und
die Einsiegelung des Testamentes ,,in unser Herz" (4, 8) ist dann
nichts anderes als die Kenntnis des neuen Gesetzes, d. h. der in der
Schrift enthaltenen ,,Rechtsforderungen". Daher kann man definie-
ren: διαθήκη ist die Schrift selbst, soweit es darum geht, in ihr die
δικαιώματα κυρίου zu erkennen. Ihr Inhalt ist also der in Geboten und
Verboten sich konkretisierende Wille Gottes. Insofern dessen Erfüllung zum Heil führt, kann man bei διαθήκη dann auch von ,,göttlicher
Heilskundgebung" reden.

Voraussetzung des Empfangs der ,,Diatheke" ist offenbar Sündlosigkeit; denn die Juden waren dazu ,,wegen ihrer Sünden" nicht würdig
(14, 1; vgl. 14, 4; 4, 8). Mit der Anfertigung und Verehrung von Götzen-
bildern (14, 3; 4, 8), was die ,,Diatheke" verbietet, hatten sie diese
schon abgelehnt, bevor sie sie überhaupt erhalten hatten. Der Gedanke
ist hier offenbar der, daß eine Verfügung, die Forderungen enthält und
auf deren Erfüllung abzielt, dem nichts nützen und darum auch nicht
gegeben werden kann, der schon von vornherein mit ihrer Übertretung
behaftet ist. Aber gilt das nicht auch für die Christen? Auch sie waren
,,voll von Sünden und Schmutz" (11, 11), ihr Herz ,,verderbt und

---

[40] So Windisch 321; ähnlich Pohlmann, Diatheke 989: ,,der Ausdruck des von Anfang
an und für alle Zeiten gleichen göttlichen Heilswillens".
[41] Diese Vorstellung ist durch 14, 4 ausgeschlossen. In 4, 8 kommt Barnabas durch die
Gegenüberstellung von Juden und Christus zu einer überspitzenden Formulierung.

schwach ..., denn es war angefüllt mit Götzendienst und war ein Haus der Dämonen wegen des Gott entgegengesetzten Tuns" (16, 7), ja die Apostel Jesu waren sogar „über alle Sünde hinaus gesetzlos" (5, 9). Wenn sich die Christen also in ihrer einstigen Sündhaftigkeit in nichts von den Juden unterschieden, wieso haben sie dann die Diatheke empfangen, während jene dazu nicht würdig waren? An dieser Stelle hat nun die Christologie im Gedankengebäude des Barnabas ihren Platz: „Der Herr selbst" konnte den Christen das Testament deshalb geben, womit er sie zum „Erbvolk" machte, „weil er unseretwegen litt" (14, 4). Daß hiermit das Sühneleiden Jesu für die Sünden gemeint ist, macht die Parallele in 5, 1, die ja sachlich an 4, 8 anschließt, ganz deutlich: „Denn dazu nahm es der Herr auf sich, das Fleisch ins Verderben dahinzugeben[42], damit wir durch Sündenvergebung rein würden". Die Passion Jesu, deren Frucht die Sündenvergebung für die Christen ist (vgl. 5, 5; 7, 2. 3. 5), schaffte also die Voraussetzung dafür, daß sie die „Diatheke" empfangen haben[43]. Die Juden dagegen sind durch sie definitiv als Erbvolk ausgeschlossen; das zeigt die erste von zwei Zweckbestimmungen in 14, 5, die dem „Offenbarwerden" Jesu zugeschrieben werden: Sie sollten dadurch „in ihren Sünden vollkommen gemacht werden". Ähnlich heißt es in 5, 11: „Der Sohn Gottes kam also darum im Fleisch, damit er denen die Summe der Sünden zusammenfasse, die seine Propheten tödlich verfolgt haben." Indem der offenbar gewordene Jesus durch die Juden litt (5, 12; vgl. 5, 2; 6, 7), lehnten sie ihn eben damit ab. Diese Tat machte deshalb ihre Sünden vollkommen, weil sie sich mit ihr den einzigen Weg zur Sündenvergebung verstellten. Die Vervollkommnung der Sünden besteht also in ihrer Besiegelung und damit in der endgültigen Unmöglichkeit, Erbe des Testamentes zu werden. Auf der anderen Seite bestand der Zweck des Offenbarwerdens Jesu darin, daß „wir durch den das Testament erbenden Herrn Jesus (dieses) empfingen"[44]. Hiernach ist also Jesus zunächst selbst der Erbe, und durch ihn erben dann die Christen. Das Offenbarwerden Jesu hat damit denselben Zweck wie sein

---

[42] Der hier und an einigen anderen Stellen im Barn anklingende Doketismus (5, 10; 7, 3. 5) ist ein unreflektierter und nicht grundsätzlicher, was am deutlichsten aus 7, 9 hervorgeht. Daß hier ein Problem liegen könnte, ist Barnabas nicht zum Bewußtsein gekommen. Vgl. schon Lipsius, der in bezug auf die genannten Stellen von einer Anschauung spricht, die „höchstens in ihrer Consequenz, nicht in ihrer Intention doketisch genannt werden kann" (368).
[43] Vgl. auch Klevinghaus 31.
[44] Es ist auch möglich, die Worte anders aufeinander zu beziehen; doch ändert sich dadurch der Sinn nicht wesentlich.

Leiden. Der Fortgang in 14, 5 legt dar, daß Jesus dazu „bereitet worden ist", das Testament zu verfügen. Es liegt somit in 14, 4f eine nach rückwärts führende Reihe vor — ὑπομεῖναι, φανερωθῆναι, ἑτοιμασθῆναι —, die aber auf ein einziges Ziel ausgerichtet ist, nämlich die Verfügung des Testamentes „unter uns", die durch das die Sündenvergebung bringende Sühneleiden Jesu, wodurch die Christen rein und würdig geworden sind, ermöglicht wurde[45].

Der Ort, an dem für den einzelnen die von Jesus beschaffte Sündenvergebung wirklich wird, ist die Taufe. Sie ist geradezu definiert als „die Taufe, die Vergebung der Sünden bringt" (11, 1). Die Christen steigen zwar „voll von Sünden und Schmutz" ins Taufwasser hinab, aber sie kommen rein geworden wieder herauf, „Früchte im Herzen darbringend, die Furcht und die Hoffnung auf Jesus im Geist" (11, 11). Die Taufe dürfte ebenfalls im Blick sein, wenn es 6, 11 heißt: „Da er uns nun durch die Vergebung der Sünden erneuert hat, hat er uns zu einer anderen Figur gestaltet, so daß wir die Seele wie von neugeborenen Kindern haben, als ob er uns neu formte." Wie hier wird auch in 16, 8 die Taufe als Neuschöpfung verstanden: „Dadurch, daß wir die Vergebung der Sünden empfangen und auf den Namen Hoffnung gesetzt haben, sind wir neu geworden, wiederum von Grund auf geschaffen." Die Taufe setzt einen Schlußstrich unter das vergangene Leben, indem in ihr die vergangenen Sünden vergeben werden. Damit ist die Möglichkeit eines Neuanfangs gegeben, der durch den Empfang der Diatheke bestimmt ist, aus der der Christ weiß, was der Wille Gottes an ihn ist. Er steht also wesentlich unter der Forderung, die Erfüllung verlangt.

Barnabas setzt voraus, daß auch der neugeschaffene Christ wieder sündigt; das aber ist für ihn kein grundsätzliches Problem. Weder sagt er etwas von der Möglichkeit einer zweiten Buße noch von immer wieder zugänglicher Sündenvergebung. Daß der Christ, obwohl in der Taufe neu geworden, nicht sündlos bleibt, geht aus 15, 6f hervor. Dort

---

[45] Weil also das Leiden Jesu in der Theologie des Barnabas eine wichtige Stellung einnimmt, wird es so häufig in seinem Brief erwähnt und nicht — wie Barnard postuliert —, weil Barnabas die Verlesung seines Schreibens bei der Passafeier im Auge habe (Homily passim). Barnards methodisches Vorgehen verdient wenig Vertrauen: Aus anderen Quellen führt er an, was für Elemente zum Passafest gehören, die dann als auch im Barn vorhanden nachgewiesen werden. Bei diesem Nachweis geht Barnard allerdings recht atomistisch vor; er müht sich weder um Kontext und Duktus der einzelnen herausgegriffenen Stellen noch vermag er den Brief als ganzen in den Griff zu bekommen. Allzuoft muß die Kategorie der „Angemessenheit" (dies und jenes sei dem Passafest „angemessen") eine stichhaltige Begründung ersetzen.

nennt es Barnabas einen totalen Irrtum, jetzt schon den Sabbat heiligen zu können. Der auf ἀγιάσαι folgende und dieses interpretierende Partizipialsatz καθαρὸς ὢν τῇ καρδίᾳ[46] zeigt, daß unter dieser Heiligung Sündlosigkeit verstanden ist. Sie ist erst möglich in der künftigen Ruhe Gottes, wenn „wir selbst zuvor geheiligt worden sind". Da unter ihren anderen Voraussetzungen die Neuwerdung des Alls, die Nichtexistenz der Gesetzlosigkeit und die Rechtfertigung genannt werden, ist das Geheiligtwerden als Ergebnis des rechtfertigenden Sprechens Gottes im Gericht zu verstehen.

Eine sachliche Parallele zu 15, 6f liegt in 6, 18f vor: Über die Tiere zu herrschen, vermag jetzt niemand; „wenn nun dies nicht jetzt geschieht, so hat er uns doch gesagt: einst, wenn auch wir vollkommen geworden sind, Erben des Testamentes des Herrn zu werden". Aber haben die Christen nach 4, 8; 13, 6 und 14, 4ff nicht schon das Testament empfangen? Sind sie nicht schon das Erbvolk? Der scheinbare Widerspruch löst sich, wenn man sich vergegenwärtigt, was der Inhalt des Testamentes ist. Durch die in der Taufe erhaltene Sündenvergebung wurden die Christen zwar befähigt, die Forderungen Gottes zu empfangen; aber Erben im Vollsinn können sie nur dann genannt werden, wenn sie das Testament vollständig erfüllen, was erst in der anderen Welt, wenn es keine Gesetzlosigkeit mehr gibt, nach dem Rechtfertigungsurteil Gottes im künftigen Gericht möglich ist.

Die Sündenvergebung in der Taufe hat also lediglich einen Schlußstrich unter das vergangene Leben gezogen und den Christen einen Neuanfang ermöglicht, dessen erfolgreiche Fortsetzung in ihre eigene Verantwortung gestellt ist. Jetzt gilt: „Soweit wir es vermögen, wollen wir uns der Gottesfurcht befleißigen und darum kämpfen, seine Gebote zu halten" (4, 11). Denn im kommenden Gericht „wird jeder empfangen, wie er getan hat" (4, 12). Deshalb mahnt Barnabas, daß „wir nicht, indem wir uns — weil wir berufen seien — der Ruhe hingeben, über unseren Sünden einschlafen" (4, 13). Die Christen verfehlen also auch Gottes Forderungen, übertreten seine Gebote; aber sie sollen über diesen Sünden nicht „einschlafen" — das kann doch nur heißen, daß die Sünden kompensiert und übertroffen werden sollen von Gesetzeserfüllungen, „damit nicht der böse Herrscher die Macht über uns erhalte und uns hinwegführe von dem Reich des Herrn" (4, 13). In diesem Zusammenhang versteht Barnabas das Wort von den vielen Berufenen und nur wenigen Auserwählten (4, 14) als Mahnung: Berufen sind die Christen durch die in der Taufe geschenkte

---

[46] Das εἰ μή vor καθαρός in VLS** verwischt die eigenartige Vorstellung des Barnabas.

Sündenvergebung und die dadurch ermöglichte Übermittlung der „Diatheke"; nun aber müssen sie deren Forderungen entsprechend leben, um schließlich auch als Auserwählte erfunden zu werden.

Daß es somit entscheidend auf das eigene Tun des Menschen ankommt, daran ändert auch grundsätzlich nichts, daß nach 6, 14-16 „der Herr", nämlich Jesus, und nach 16, 8 Gott, im Christen wohnt. Barnabas fragt selbst nach dem Wie dieser Einwohnung (16, 9) und antwortet auch sofort mit einer allerdings nicht ganz durchsichtigen Aufzählung, die am Schluß nicht mehr die Einwohnung Gottes im Christen beschreibt, sondern dessen Hineinführung in die Kirche als den unvergänglichen Tempel[47]. Außer der Tatsache, daß Gott in den Christen prophezeit — was er am Schluß erwähnt —, nennt er zuerst „das Wort, das Glauben an ihn gibt". Hier erblickt er die Einwohnung Gottes entweder im Glauben selbst oder darin, daß der Glaubende weiterverkündigt und selbst zum Glauben auffordert. Welche Rolle der Glaube bei Barnabas spielt, werden wir im nächsten Abschnitt untersuchen; daß es keine überragende ist, hatte sich uns schon bei der Betrachtung des Rahmens aus 1, 5 ergeben. An zweiter Stelle steht „die Berufung zu seiner Verheißung". Von der Verheißung war auch in 15, 7 die Rede; ihr Empfang gehörte dort zu den Voraussetzungen der künftigen Sabbatheiligung, der Sündlosigkeit in der Ruhe Gottes. Nach 5, 6f aber litt Jesus, „damit er den Vätern die Verheißung erfülle", was mit der Bereitung des neuen Volkes geschehen ist (vgl. 14, 1. 6). Steht also nach 15, 7 der Verheißungsempfang noch aus, so ist sie nach 5, 7 schon erfüllt. Doch besteht hier lediglich ein scheinbarer Widerspruch; es ist derselbe wie der oben besprochene zwischen 4, 8; 13, 6; 14, 4ff auf der einen und 6, 18f auf der anderen Seite: Mit der Sündenvergebung ist das neue Volk zwar schon konstituiert (vgl. 7, 5), aber da es hier nicht sündlos bleibt, wird es erst nach dem Gericht vollkommen, und damit die Verheißung endgültig erfüllt sein. Mit der Taufe ist der Christ zwar zur Verheißung berufen, aber ihr endgültiger Empfang hängt vom Gerichtsurteil Gottes ab, das sich auf das Tun bezieht. Damit ist angezeigt, daß mit der Einwohnung Gottes in Form der „Berufung zu seiner Verheißung" nichts anderes gesagt wird, als daß der Christ unter die Forderung

---

[47] Den Übergang scheint Barnabas selbst dadurch kenntlich machen zu wollen, daß er die These — „er selbst wohnt in uns" — innerhalb der Aufzählung, die doch gerade das Wie dieses Wohnens beschreiben sollte, wiederholt. — Die Zusammengehörigkeit beider Aspekte, daß der Christ sowohl selbst Tempel Gottes ist als auch (bei der Taufe) in einen Tempel hineingeführt wird, liegt darin, daß er zu einer Gemeinde stößt, deren Mitglieder ebenfalls Tempel Gottes sind.

gestellt ist. Diesen Sinn der Einwohnung Gottes im Christen heben
auch die beiden übrigen Aussagen von 16, 9 hervor: „Die Weisheit
der Rechtsforderungen, die Gebote der Lehre". So hat Gott zwar dem
Christen seine Forderungen gegeben, durch sie wohnt er in ihm; aber
dessen Aufgabe ist es nun — und darauf kommt es entscheidend an —,
diese zu erfüllen.

Was den Christen also auszeichnet, ist der Besitz der Diatheke, d. h.
durch die in der Taufe erfolgte Sündenvergebung ist es ihm ermöglicht
worden, sich mit einiger Aussicht auf Erfolg um die Erlangung des
Heils zu bemühen. Obwohl das Wort „Gesetz" im ganzen Barn nur
zweimal begegnet (2, 6; 3, 6) — und davon einmal noch abfällig als
„Gesetz jener" (3, 6) —, so steht das Gesetz doch der Sache nach im
Zentrum der Theologie des Barnabas. Was sich uns schon bei der Betrachtung des Rahmens ergeben hatte, ist in diesem Abschnitt vollauf
bestätigt worden. Das Gesetz ist nicht nur Norm des Lebens, sondern
von seiner Befolgung und Nichtbefolgung hängt auch Bestehen oder
Nichtbestehen im Gericht ab; es ist also Heilsweg. Was Barnabas mit
großem Aufwand vertritt, ist nichts anderes als Gesetzlichkeit. Der
Christologie kommt dabei nur die Rolle einer — wenn auch wichtigen —
Hilfskonstruktion zu, insofern die Passion Jesu die Voraussetzung für
die Übermittlung der Diatheke schuf. Deshalb kann von ihr als dem
„neuen Gesetz unseres Herrn Jesus Christus" geredet werden, obwohl
es doch nur Worte der „alten" Schrift enthält.

IV. Hoffnung und Glaube

Die Gesetzlichkeit des Barnabas bedingt es, daß bei ihm von einer
eschatologischen Bestimmtheit der Gegenwart im Sinne des „Schon"
und „Noch nicht", wie Paulus sie kennt, nicht die Rede sein kann.
Wie Barnabas die Gegenwart versteht, kann eine Untersuchung der
Stellen zeigen, an denen er das Wort νῦν gebraucht, das bei Paulus
oft — etwa in Röm 5, 9. 11 — auf das Heilsgeschehen in Christus bezogen ist, weshalb er die Jetztzeit der Christen als etwas Neues von
dem alten, wenn auch noch gegenwärtigen Äon abheben kann, der
schon vom neuen überlagert ist; denn „jetzt ist die willkommene Zeit",
„jetzt ist der Tag des Heils" (2 Kor 6, 2).

„Die jetzige Weltzeit" (ὁ νῦν καιρός) ist durch Gesetzlosigkeit qua-
lifiziert (18, 2; 4, 9); sie ist dem Irrtum unterworfen, den es zu hassen
gilt (4, 1). „Jetzt" muß man „widerstehen" (4, 9). Aber „nahe ist der
Tag, an dem alles untergehen wird zusammen mit dem Bösen" (21, 3),

nämlich dem Herrscher der jetzigen Zeit[48]. „Das vollkommene Ärgernis ist nahe gekommen"(4, 3). Gott „gab uns vom Kommenden Erstlingsfrüchte zu schmecken", und nun „sehen wir, wie sich davon eins nach dem anderen auswirkt" (1, 7). Hierbei handelt es sich wohl um voreschatologische Zeichen im Sinne einer Steigerung des Bösen; denn „die Tage sind böse, und der, der (sie) bewirkt[49], hat die Macht in Händen" (2, 1). Deshalb ist es besonders jetzt wichtig, auf sich acht zu geben (2, 1; 4, 9; vgl. 4, 6), sonst wird „die ganze Zeit unseres Glaubens"[50] nichts nützen (4, 9).

Die vom Bösen beherrschte Gegenwart ist die Zeit des „Noch nicht": „Wer vermag es jetzt, über die Tiere, die Fische oder die Vögel des Himmels zu herrschen?" (6, 18) „Das geschieht jetzt nicht", sondern erst „dann" (6, 19). Jetzt kann keiner den von Gott geheiligten Tag heiligen (15, 6); auch das geschieht erst „dann", wenn diese Weltzeit zu ihrem Ende gebracht ist (15, 7).

Die jetzige Situation des Christen beschreibt Barnabas in 10, 11, wo er die Frage, welche Bedeutung das Gebot habe, Spalthufer zu essen, damit beantwortet, „daß der Gerechte sowohl in dieser Welt wandelt als auch den heiligen Äon erwartet". Dieser Satz bringt alle vorher wiedergegebenen Ausführungen auf einen knappen Nenner. Die böse Weltzeit besteht noch; in ihr muß sich der Christ bewähren. Dabei lebt er aber in der Gewißheit, daß sie nicht mehr lange dauert, daß „der heilige Äon" bald kommt[51]. Wenn der Christ hier „der Gerechte" genannt wird, bedeutet das nicht ein „Schon" bzw. „Nicht mehr" im paulinischen Sinn; denn die Rechtfertigung steht noch bevor (4, 10; 15, 7). ὁ δίκαιος ist der Christ wohl als der, der Gottes δικαιώματα erforscht und ihnen gehorcht und deshalb hoffen kann, im Gericht gerechtfertigt zu weden.

Die Gegenwart ist also bei Barnabas einerseits bestimmt vom Andauern der bösen Weltzeit; andererseits ist sie auf deren Ende und die dann beginnende andere Welt bezogen. Die entscheidende Wende erwartet Barnabas erst von der Zukunft. So ist das νῦν ein „Noch" und ein „Noch nicht", das den Christen unter den Imperativ stellt[52].

---

[48] Neben πάντα muß τῷ πονηρῷ maskulinisch verstanden werden.

[49] L verdeutlicht hier den Text und spricht vom contrarius.

[50] Statt πίστεως (S) hat H ζωῆς; L bietet beides, was eine Kombination und daher nicht ursprünglich sein dürfte. ὁ χρόνος τῆς πίστεως ist wohl dem geläufigeren ὁ χρόνος τῆς ζωῆς (vgl. auch Röm 7, 1; 1 Kor 7, 39) vorzuziehen.

[51] Ob Barnabas „damit eine wunderbare Charakterisierung des Christen (liefert)", wie Windisch meint (363), sei dahingestellt.

[52] Gegen Benoit 48, der im Barn die paradoxe Situation des „Nicht mehr" und „Noch nicht", die Spannung von Indikativ und Imperativ, erkennen will.

Er muß sich ständig bewähren, damit ihm die Zeit seines Glaubens nützt (4, 9). Wenn dem aber so ist, wie versteht Barnabas dann den Glauben, und welche Bedeutung schreibt er ihm zu?

Bei der Untersuchung dieser Frage muß die Stelle 13, 7 ausscheiden. Wie die Analyse gezeigt hat (s. o. S. 46), handelt es sich v 7 b. c um solche Tradition, die sachlich sowohl zu Barnabas selbst als auch zu der sonst von ihm verwendeten Tradition in Spannung steht. Hier ist die einzige Stelle im ganzen Brief, an der der Glaube in Relation zur Rechtfertigung steht. Daran liegt Barnabas im Zusammenhang aber nichts; nach seiner Einleitung in v 7 a kommt es ihm darauf an, nach Isaak und Jakob nun auch noch Abraham zur Vervollständigung der Erzvätertrias für seine These, die Christen und nicht die Juden seien das Erbvolk, anführen zu können. Das beweisende Moment liegt für ihn darin, daß Abraham im Zitat Vater der glaubenden Heiden genannt wird, also nicht Vater der Juden ist. Die vorgegebene Zitateinleitung, in der der Glaube Abrahams als Grund seiner Rechtfertigung erscheint, hat dabei für ihn keine Bedeutung.

Zunächst bedeutet „Glauben" bei Barnabas einfach das Christsein. Das ergibt sich aus der 4, 9 gebrauchten Wendung „die ganze Zeit unseres Glaubens"[53], wonach Glauben die allgemeinste Bestimmung des Christen ist. Entsprechend kann der Aorist πιστεῦσαι den Akt des Christwerdens meinen, wie es in 16, 7 der Fall ist: πρὸ τοῦ ἡμᾶς πιστεῦσαι. Hier wird mit einem allgemeinen Ausdruck bezeichnet, was v 8 näher expliziert: Die Neuschöpfung durch Sündenvergebung und die damit einsetzende Hoffnung „auf den (bei der Taufe genannten) Namen" sind der Anfang des Christenlebens. Dieses kann deshalb mit „Glauben" benannt werden, weil die es konstituierende Sündenvergebung „geglaubt", als wahr und wirklich angenommen werden muß; und daher sind auch die Sätze, die von der Ermöglichung der Sündenvergebung berichten, zu „glauben": So „sollen wir glauben, daß der Sohn Gottes nicht zu leiden vermochte außer unseretwegen" (7, 2). In diesem Zusammenhang dürfte auch die Wendung ὁ λόγος αὐτοῦ τῆς πίστεως in 16, 9 zu verstehen sein: Die Verkündigung zielt auf Glauben; sie will angenommen werden.

Daß der Christ seiner allgemeinsten Bestimmung nach ein Glaubender ist, zeigt auch 2, 2. Hier stehen parallel zueinander: τῆς οὖν πίστεως ἡμῶν εἰσὶν βοηθοί und τὰ δὲ συμμαχοῦντα ἡμῖν. Der Glaube kann also geradezu anstatt des Personalpronomens stehen. Diese Stelle macht aber noch etwas anderes deutlich: Als Helfer und Mitstreiter des Glaubens werden hier Tugenden genannt; sie fließen nicht aus ihm, sondern stehen neben ihm als seine Helfer, auf die er ange-

---

[53] Zum Text vgl. o. Anm. 50 zu Teil B.

wiesen ist[54]. Das ergibt sich auch konsequent aus dem, was wir bisher
zur Theologie des Barnabas festgestellt haben. Wenn einerseits die
Sündenvergebung, deren Annahme der Grundakt des Glaubens ist,
lediglich ein Leben nach dem Gesetz ermöglicht und entsprechend
andererseits die Gegenwart die Zeit des „Noch" ist, nämlich des noch
Andauerns der bösen Weltzeit, dann ist der Glaube selbst nur eine
Voraussetzung, die die Tugenden bewähren müssen. So ist der Glaube
zwar zuerst, aber sobald er da ist, sobald jemand Christ ist, kommt es
entscheidend auf die ethische Bewährung an. Von hier aus ist m. E.
auch die Verbindung ἐν ἀκεραιοσύνῃ πιστεύειν in 3, 6 zu verstehen.
Sie meint nicht ein „orthodoxes" Glauben, dem es auf die „reine Lehre"
ankäme. 3, 6 bildet ja den Schluß des in 2, 1 beginnenden Stückes,
das dem von Gott verbotenen Opfern und Fasten der Juden die den
Christen gebotene Liebe zu Gott und dem Nächsten gegenüberstellt;
und in c 4 läßt Barnabas zunächst ethische Mahnungen folgen. Von
diesem Kontext her kann ἀκεραιοσύνη nur eine Reinheit und Lauterkeit des Lebenswandels (vgl. 10, 4: ἐν ἀκεραιοσύνῃ περιπατοῦντες)
meinen; und das Volk, von dem „der Großmütige voraussah, daß es
in Lauterkeit glauben wird", ist also das Volk, das seinen Glauben
ethisch bewährt. Diesen Zusammenhang zeigen auch zwei Stellen, an
denen neben der πίστις die ἀγάπη genannt wird: 1, 4 und 11, 8. Von
daher erklärt es sich, daß πιστεύειν auch die Bedeutung „gehorchen"
mit umfassen kann. Das scheint mir in 9, 3 der Fall zu sein, wo als
Zweck der Ohrenbeschneidung angegeben wird: „damit wir, wenn
wir ein Wort (λόγον) hören, glauben". Die Stelle könnte so erklärt
werden — wie wir oben 16, 9 zu verstehen suchten —, daß der Glaube
gegenüber der grundlegenden Verkündigung von der durch Jesu Leiden ermöglichten Sündenvergebung gemeint sei. Aber dann stünde
sie recht beziehungslos zu ihrem Kontext. Sie resümiert das Ergebnis
der Zitate von 9, 1-3, die die These von 8, 7a begründen sollen, und
wird dann in 10, 12 wieder aufgenommen. Dort ist Zweck der Ohren-
und Herzensbeschneidung: „damit wir das (ταῦτα) verstehen". ταῦτα
sind die zahlreichen vorher gebrachten Schriftzitate mit Auslegungen.
Daß auch λόγος so verstanden werden kann, zeigen im selben Zusammenhang 9, 9 und 10, 11. Dem πιστεύειν in 9, 3 entspricht ein συνιέναι
in 10, 12, so daß man folgern darf, daß der Glaube auch ein intellektuel-
les Moment impliziert: Wird er auf das Schriftwort bezogen, ist er

---

[54] „Eigenthümlich ist unserem Briefe die Stellung der christlichen Tugenden zum Glauben als Gehülfen desselben, während sie sonst aus demselben als der christlichen
Quelle hervorgehend gedacht werden" (Müller 72; vgl. Pfleiderer 404).

notwendig zuerst ein Verstehen. Das aber ist bei Barnabas kein Selbstzweck. So ließ er — wie wir bei der Untersuchung der Rahmenkapitel sahen — in 21, 5 den theoretischen Tugenden eine praktische folgen[55]; und genau so können sich nach 2, 2f die theoretischen Tugenden nur „freuen", wenn die praktischen „sich im Dienst des Herrn bewähren"[56]. Daher ist mit πιστεύειν in 9, 3 neben dem Verstehen auch ein Gehorchen gemeint, zumal es sich bei den Schriftworten in 9, 5 und c 10 um Gebote und Verbote handelt, die befolgt werden wollen.

Dieselbe Bedeutungsbreite hat πιστεύειν wohl auch in 11, 11: Wer „hört", was die Christen reden, „und glaubt, wird ewig leben". Denn was die Christen nach Meinung des Barnabas „reden", ist doch kaum etwas anderes als das, was auch er in seinem Brief sagt, in dem die Mahnung zum rechten Lebenswandel dominiert. Hätte πιστεύειν in 11, 11 nicht diesen weiten, den Gehorsam gegenüber den Geboten einschließenden Sinn, läge hier die einzige Stelle im Barn vor, an der dem Glauben als solchen die entscheidende soteriologische Funktion zugesprochen würde. Dann aber stünde diese Stelle isoliert im Brief.

Steht der Glaube also einerseits im Zusammenhang mit der Gesetzesbefolgung, so ist er andererseits auch mit der Hoffnung eng verbunden. Auch das liegt in der Konsequenz der Theologie des Barnabas: Ermöglicht die Sündenvergebung lediglich ein Leben nach dem Gesetz und ist entsprechend die Gegenwart die Zeit des „Noch nicht", nämlich des Noch-nicht-Seins des „heiligen Äon", vor dessen Beginn das Gericht steht, dann hofft der auf Bewährung durch die Tugenden angewiesene Glaube auf Anerkennung im Gericht. In dieser „Hoffnung des Glaubens an ihn" (4, 8) ist den Christen das Testament Jesu ins Herz gesiegelt worden, d. h. haben sie „das neue Gesetz" empfangen. „Durch den Glauben an die Verheißung" werden sie „mit Leben begabt" (6, 17). Wie sehr für Barnabas der Glaube zur Hoffnung hin tendiert, zeigt besonders deutlich 6, 3. Dem Zitat nach Jes 28, 16: καὶ ὁ πιστεύων[57] εἰς αὐτὸν ζήσεται εἰς τὸν αἰῶνα läßt Barnabas die rhetorische Frage folgen: ἐπὶ λίθον οὖν ἡμῶν ἡ ἐλπίς; Glaube und Hoffnung sind hier also praktisch Synonyme. An dieser Synonymität liegt es wohl, daß Barnabas in 11, 8 an die Bekehrung sofort die Hoffnung anschließen kann: Jedes Wort, das die Christen „in Glaube und Liebe" sprechen, „wird vielen zur Umkehr und Hoffnung dienen". Barnabas

---

[55] S. o. S. 13; vgl. 21, 6.
[56] Wörtlich: „in bezug auf das, was den Herrn angeht, unbefleckt bleiben".
[57] Statt ὁ πιστεύων hat V ὃς ἐλπίσει, was Angleichung an ἐλπίς im folgenden Satz ist.

kann deshalb anstatt des Glaubens von der Hoffnung sprechen, weil die Hoffnung geradezu Grund und Ziel des Glaubens ist, der Glaube also ganz unter ihrem Horizont gesehen ist. Diese Zuordnung von Hoffnung und Glaube hatte sich uns ja bei der Untersuchung des Rahmens ergeben: „Großer Glaube und Liebe wohnt" in den Christen „wegen der Hoffnung auf sein Leben" (1, 4), und „Hoffnung auf das Leben ist Anfang und Ziel unseres Glaubens" (1, 6)[58].

Neben dieser Hoffnung, die die Christen jetzt haben, spricht Barnabas von einer Hoffnung, die sich auf den leidenden Jesus bezog. Schon den Juden sollte das Schriftwort vom Hineingehen in das gute Land eine Aufforderung bedeuten, auf Jesus zu hoffen, „der euch im Fleisch geoffenbart werden soll" (6, 8f). Ähnlich verhält es sich in 12, 2f: Wenn sie nicht auf den hoffen, der leiden soll, werden sie immer bekriegt werden; das war aus der Geschichte von der Amalekiterschlacht zu lernen; nur wenn sie auf ihn hoffen, können sie gerettet werden. Auf ihn, dessen Name bei der Taufe genannt wird, haben die Christen ihre Hoffnung gesetzt (16, 8; vgl. 8, 5). In der Hoffnung auf das Kreuz sind sie in das Taufwasser gestiegen (11, 8). Diese Hoffnung ist mit der in der Taufe erfolgten Sündenvergebung erfüllt. Aber deshalb hören die Christen nicht auf, Hoffende zu sein — wie ja auch schon die oben im Zusammenhang mit dem Glauben angeführten Stellen zeigen. Denn die aus dem Taufwasser wieder aufsteigen, „bringen Frucht und haben dabei im Herzen die Furcht und die Hoffnung auf Jesus im Geist" (11, 11). Der Jesus, auf den hier gehofft wird, ist der Richter, der denen Lohn gibt, die Frucht gebracht haben. Auf das Bestehen vor diesem Richter kommt es entscheidend an. Darum werden in 11, 8 die Getauften nicht um der schon erfüllten, auf das Kreuz bezogenen Hoffnung willen selig gepriesen, sondern deshalb, weil der Herr „dann" Lohn auszahlen wird. An dieser Stelle spielt wieder die Christologie in der Theologie des Barnabas eine Rolle: Jesus ist als der Auferstandene der Richter über Tote und Lebendige (5, 7; vgl. 7, 2; 15, 5). Auf das Leben zu hoffen, was Grund und Ziel des Glaubens ist (1, 6), heißt also, Hoffnung auf Anerkennung durch Jesus als den Richter zu haben, auf die erst im künftigen Gericht erfolgende Rechtfertigung (15, 7; vgl. 4, 10). Da aber in diesem Gericht „jeder empfangen wird, wie er getan hat — ist er gut, wird ihm seine Gerechtigkeit voranschreiten, ist er böse, wird der Lohn der Bosheit vor ihm sein" (4, 12; vgl. 21, 1) —, wird die Hoffnung letzten Endes auf das eigene Tun zurückgeworfen. Damit gelangen wir zum selben Ergebnis

---

[58] Vgl. o. S. 10f.

wie bei der Exegese der drei Grundsätze in 1, 6[59]; und wiederum zeigt
Barnabas, daß er eine Theologie des Gesetzes treibt.

V. Die Gnosis

Kommt es — wie es sich im Vorangehenden gezeigt hat — für das
Erlangen des Heils entscheidend auf das Tun des Menschen an, dann
wird die Frage wichtig, was er denn nun tun und was er lassen soll.
Was aber ist Gottes Wille? Welches sind seine Forderungen? Wo ver-
nimmt man sie? Barnabas begründet seine Aufforderung, „den gütigen
Willen unseres Vaters" zu bemerken, damit, daß „er uns sagt, wie wir
uns ihm nähern sollen, da er will, daß wir nicht gleich jenen als Irrende
suchen" (2, 9). Gott sagt also selbst, was er will, und zwar tut er das —
2, 9 ist ja Überleitung zu einem Schriftwort — in der Schrift. Das geht
auch aus 10, 12 hervor: Die Christen „verstehen die Gebote in rechter
Weise und verkünden sie deshalb so, wie der Herr es gewollt hat". Bei
den vorangehenden Geboten handelte es sich aber um Schriftworte.
Gottes in der Schrift niedergelegten Willen nun „in der rechten Weise"
zu verstehen, das ist Aufgabe der Gnosis. Sie zu vermitteln, unter-
nimmt Barnabas in seinem Brief. So gibt er als Zweck seines Schreibens an, daß die Leser neben ihrem Glauben „vollkommene Erkenntnis" haben sollen (1, 5). Daß diese Gnosis einerseits ethische Inhalte
hat und andererseits auf die Schrift bezogen ist, hatte sich uns bei der
Exegese von 1, 6f gezeigt[60]. Dieser Zusammenhang wird auch in 2, 3
sichtbar, wo die Gnosis am Ende einer Reihe intellektueller Tugenden
steht, nämlich nach σοφία, σύνεσις und ἐπιστήμη. Diese Tugenden
„freuen sich", wenn das, was sie erkennen und einsehen, auch in der
Tat bewährt wird[61]. Bei dem, was erkannt werden soll, kann es sich
nur um „die Rechtsforderungen des Herrn" handeln, die zu erforschen
v 1 auffordert. Die Richtigkeit dieses Bezuges macht 21, 5 ganz deutlich, wo dieselbe Reihe intellektueller Tugenden erscheint wie in 2, 3,
die Gnosis aber näher bestimmt wird als γνῶσις τῶν δικαιωμάτων
αὐτοῦ (sc. τοῦ θεοῦ). Daß das Betätigungsfeld der Erkenntnis, der Ort,
an dem sie nach den Rechtsforderungen Gottes zu suchen hat, die
Schrift ist, ergibt sich im Falle von 2, 3 aus dem Kontext; denn dieser
Vers steht in der Einleitung einer von Schriftzitaten getragenen Er-

---

[59] Vgl. o. S. 11f.
[60] S. o. S. 12.
[61] Vgl. o. S. 91f. 93.

örterung, aus denen hervorgeht, was Gott will und was er nicht will. Beides, Gebote als Inhalt der Gnosis und die Schrift als der Ort, an dem sie zu finden sind, ist auch 10, 10 miteinander verbunden. Hier wird zwar die Gnosis David zugeschrieben; aber es ist klar, daß eben diese Gnosis auch hat, wer Ps 1, 1, der an dieser Stelle zitiert und als dessen Autor David genannt wird, richtig versteht. Weil es sich hier um „Erkenntnis derselben drei Weisungen" handelt, die in vv 3-5 angeführt werden, muß man schließen, daß für Barnabas auch die Auslegung der dort gebrachten „Moses"-Zitate Gnosis ist.

Da die Schrift das Betätigungsfeld dieser die Rechtsforderungen Gottes erforschenden Gnosis ist, erklärt es sich, daß Barnabas seine Schriftauslegung auch dann Gnosis nennt, wenn er keine Gebote für den Lebenswandel der Christen gewinnt. So schreibt er in 6, 9, nachdem er in v 8 die an Israel gerichtete Aufforderung, in das gute Land hineinzugehen, zitiert hat: „Was aber sagt die Gnosis? Lernt: Hofft, sagt sie, auf den euch im Fleisch offenbar werden sollenden Jesus!" Was die Leser hier als Gnosis lernen sollen, ist die wahre Bedeutung der zitierten Schriftstelle, daß nämlich schon die Israeliten mit ihr zur Hoffnung auf Jesus aufgefordert wurden. Gnosis nennt es Barnabas auch, was er 9, 7 f als Sinn der von Abraham ausgeübten Beschneidung gewinnt. Diese Gnosis war schon Abraham selbst zuteil geworden; aber indem Barnabas sie hier darlegt, vermittelt er sie auch seinen Lesern. In 13, 7 bringt ein Gotteswort an Abraham „das Vollmaß unserer Erkenntnis", daß die Christen das Erbvolk sind und nicht die Juden, nachdem diese These vorher schon mit Hilfe der beiden übrigen Erzväter belegt worden war. Da in v 7 die Gnosis lediglich vervollkommnet wird, versteht Barnabas also auch schon das Vorangehende als Gnosis. Daher darf man annehmen, daß für ihn jede Schriftbenutzung Gnosis ist. Das bestätigt 18, 1, wo er ankündigt, nun zu einer anderen Gnosis überzugehen: Dann steht für ihn auch alles Vorangehende unter dem Oberbegriff Gnosis. Doch verhält es sich mit dieser Gnosis keineswegs so, daß sie immer einen tieferen Sinn hinter dem Wortsinn sucht[62]. Sie kann auch den Wortsinn erkennen, wie 10, 10 und 2, 3 ff zeigen. Was sie aber in jedem Fall erkennt, ist der nach Meinung des Barnabas wahre Sinn einer Stelle, sei es nun der Wortsinn oder ein anderer[63].

---

[62] Das ist offensichtlich die Meinung von Windisch: „Eine exegetische Methode, die einen tieferen Sinn im AT offenbar macht, ist das Mittel, womit diese Gnosis arbeitet" (308).

[63] Vgl. o. S. 80 mit Anm. 31.

Wenn also auch Gnosis bei Barnabas jede Auslegung und Benutzung von Schriftstellen einschließt, so ist es doch ihre wichtigste Aufgabe, den Willen Gottes als Lebensnorm herauszustellen, weil die Befolgung dieses Willens das Heil einbringt. Hierin besteht auch die Verbindung zu der „anderen Gnosis", zu der Barnabas in 18, 1 „übergehen" will. Steht hier der Begriff Gnosis überschriftartig über der ganzen folgenden Zwei-Wege-Lehre, so grenzt ihn Barnabas in 19, 1 genauer ein. Hier nennt er den Weg des Lichts „die uns gegebene Erkenntnis, nach der sich der Lebenswandel richten soll". Ähnlich spricht er in 5, 4 von der „Erkenntnis des Weges der Gerechtigkeit", dessen große Bedeutung daraus hervorgeht, daß derjenige, der diese Erkenntnis hat und dennoch nicht nach ihr lebt, „mit Recht zugrunde geht"[64]. Und entsprechend sagt Barnabas im Anschluß an die Zwei-Wege-Lehre, daß es gut sei, „die Rechtsforderungen des Herrn" zu lernen und nach ihnen zu leben. Hiernach sind also die δικαιώματα τοῦ κυρίου identisch mit den im Lichtweg aufgezählten Forderungen, deren Erkenntnis Richtschnur des Lebens sein soll. Das aber bedeutet, daß „die andere Gnosis" keinen anderen Inhalt und keinen anderen Zweck hat als die im Vorangehenden mitgeteilte Gnosis, die den in der Schrift niedergelegten Willen Gottes, seine dort stehenden δικαιώματα erforschen sollte. Wenn aber Barnabas in 18, 1 dennoch von einer „anderen Gnosis" spricht, dann kann der Unterschied nur ein formaler sein. Dieser Unterschied ist aber nicht so zu bestimmen, daß der Lichtweg die Gebote und Verbote in direkter Weise aufzählt, während sie aus der Schrift erst durch Auslegung gewonnen werden müßten; denn auch aus der Schrift bringt Barnabas Stellen, an denen Gebote und Verbote in direkter Weise aufgezählt werden (2f; 9, 5). Die Gnosis von cc 18ff ist dann wohl einfach nur deshalb eine andere, weil die Zwei-Wege-Lehre nicht zur „Schrift" gehört, nicht „Schrift" ist. Barnabas muß aber — das verlangt die sachliche Identität des Gnosisbegriffes in beiden Briefteilen — die Überzeugung haben, daß der Lichtweg nichts anderes zum Inhalt hat als die in der Schrift enthaltenen δικαιώματα κυρίου, daß er dem in der Schrift niedergelegten Willen Gottes in komprimierter Form Ausdruck gibt. Der Lichtweg hat also eine nur abgeleitete Autorität; insofern diese aber von der Schrift abgeleitet ist, ist sie unbedingt verpflichtend. Wer nämlich ihn befolgt, „wird im Reich Gottes verherrlicht werden"; wer dagegen den Fin-

---

[64] Da also die Erkenntnis nicht notwendig auch die Befolgung des Erkannten einschließt, kann man nicht sagen, die Gnosis sei hier „ganz als Gehorsam … verstanden" (so Bultmann, γινώσκω κτλ. 706); sie ist rein theoretischer Art.

sternisweg wählt, „wird zusammen mit seinen Werken zugrunde gehen" (21, 1).

Es dürfte deutlich geworden sein, daß Barnabas mit „Gnosis" etwas ganz anderes meint, als was man sonst mit dem Begriff „gnostisch" verbindet. Er versteht unter Gnosis zuerst und vor allem die Erkenntnis des fordernden Willens Gottes, den zu befolgen heilsnotwendig ist. Da Gott seinem fordernden Willen in der Schrift Ausdruck gegeben hat, bezieht sich die Gnosis zuerst und vor allem auf diese Willensäußerungen Gottes in der Schrift. Von hier aus kann Barnabas den Gnosisbegriff erweitern und mit ihm auch alle andere Schriftauslegung bezeichnen. Andererseits kann er unter ihm aber auch eine Zusammenfassung der Forderungen Gottes verstehen, die selbst nicht „Schrift" ist.

Dem so gefaßten Gnosisbegriff entspricht nun auch die Anlage des ganzen Briefes, der ja nichts anderes als Mitteilung von Gnosis sein will. Nach dem Einleitungskapitel bringt Barnabas sofort in cc 2 f „Rechtsforderungen des Herrn" aus der Schrift. In c 4 schließt er allgemein gehaltene Mahnungen an (vv 1 f), deren Dringlichkeit schriftbezogene Ausführungen über die Nähe des Endes (vv 3-5) und das negative Beispiel Israels (vv 6-8) unterstreichen sollen. VV 9 ff bringen weitere Mahnungen, wiederum durch den Hinweis auf das Gericht (v 12) und das negative Beispiel Israels (v 14) betont. Der mit 5, 1 begonnene Zusammenhang — das in der Schrift vorausoffenbarte Leiden Jesu für „uns", das erst die Übergabe der Rechtsforderungen ermöglichte und sinnvoll machte — reicht zunächst bis 6, 7. Durch 6, 9 verbindet Barnabas damit das 6, 8 ff eingeschobene Stück, das jedoch auch sonst insofern Beziehungen zu seinem Kontext aufweist, als hier Folgen der Taufe, die ja das Leiden Jesu zur Voraussetzung hat, dargelegt werden. Daß das Thema der Passion die Klammer bildet, zeigt deutlich der Vers 7, 2, der den Bogen zu 5, 5 spannt. Die Kapitel 7 und 8 bleiben thematisch in der Nähe des Vorangehenden, da es immer noch vorwiegend um das in der Schrift vorausoffenbarte Leiden Jesu geht. Dabei verlagert sich aber das Interesse, wie 8, 7 zeigt, auf das Thema des richtigen Verstehens der Schrift. C 9 begründet, warum die Christen und nicht die Juden die Schrift richtig verstehen: Ihnen hat Gott Herzen und Ohren beschnitten, während die Juden die Beschneidung fleischlich verstanden. C 10 gibt ein Beispiel für richtiges und falsches Verstehen der Schrift, wobei es sich wohl nicht zufällig um Verbote und Gebote handelt. Kann man bis hierhin einen gewissen sachlichen Aufbau verfolgen, so sind im folgenden nur noch aneinander gereihte Einzelstücke festzustellen. In c 11 führt Barnabas Vorausoffenbarungen der Schrift für die Taufe an, c 12 solche für das Kreuz; beide Themen kann er miteinander verknüpfen (11, 8), da die Taufe die am Kreuz erwirkte Sündenvergebung vermittelt. In c 13 und c 14 folgen Aussagen der Schrift über das Erbvolk, in c 15 zum Sabbat und schließlich in c 16 zum Tempel. Alles Vorangehende schließt Barnabas in c 17 mit den Worten ταῦτα μὲν οὕτως ab. Wie am Anfang seines Briefes stellt er nun im folgenden am Schluß „die Rechtsforderungen des Herrn" (21, 1) klar heraus, jetzt allerdings nicht mit Schriftworten, sondern in der Form des Lichtweges der cc 18—20 gebrachten Zwei-Wege-Lehre. Wie den Rechtsforderungen von cc 2f in c 4 allgemein gehaltene Mahnungen folgten, so verfährt Barnabas auch im Anschluß an die Zwei-Wege-Lehre in c 21; und wie dort unterstreicht er sie hier mit dem Hinweis auf die Nähe des Endes und auf das Gericht. Anfang und Ende des Briefes entsprechen also einander. Das macht noch einmal deutlich, worauf es Barnabas vor allem ankommt: auf die Erkenntnis des Willens Gottes, dessen, was Gott vom Menschen fordert, damit er weiß, was er für sein Heil zu tun und was er zu lassen hat.

Will man die Theologie des Barnabas und seiner Schule auf eine knappe Formel bringen, so ist zweierlei festzustellen: Einmal gilt hier die Schrift als absolute Autorität, an der sich alles auszuweisen hat, und zum anderen gilt das Gesetz als Heilsweg, so daß über sein Heil oder Unheil letztlich der Mensch selbst mit seinem Tun und Lassen entscheidet. Der zweite Punkt ist wie der erste eine grundsätzliche Voraussetzung und nicht von diesem ableitbar. Beide werden aber in Beziehung zueinander gesetzt, indem es eben die Schrift ist, die durch die Gnosis wesentlich als Gesetz verstanden wird. Diese Gnosis, die die Eigenart der Theologie des Barnabas und seiner Schule charakterisiert, will er in seinem Brief vermitteln.

C. EINLEITUNGSFRAGEN

I. Anlaß und literarische Form

Seiner äußeren Form nach gibt sich unser Schreiben als ein Brief: 1, 1 liegt das Präskript vor; in 1, 2-4 kann man das Proömium erblikken. Wenn diese Verse auch weder einen Dank an Gott noch die Versicherung der Fürbitte enthalten, so heben sie doch lobend den guten geistlichen Zustand der Empfänger hervor. 21, 9b bildet den Schlußgruß und 21, 9c schließlich den Segenswunsch. Sind somit die formalen Kriterien eines Briefes erfüllt, so erheben sich angesichts des Fehlens klarer Aussagen über Absender, Empfänger und Situation doch Zweifel, ob es sich um einen wirklichen Brief handelt, aus bestimmtem Anlaß an bestimmte Personen geschrieben. Man muß sich hüten, vorschnell auf eine besondere Situation bestimmter Empfänger zu schließen: Wie die häufige und betonte Mahnung zum rechten Lebenswandel nicht von einer ungewöhnlichen Immoralität der Leser veranlaßt wurde[1], sondern theologisches Programm ist, so könnte es sich mit anderen Punkten ähnlich verhalten. Bei der Betrachtung des Schriftverständnisses des Barnabas und seiner Schule haben wir gesehen, daß es eine doppelte Frontstellung impliziert, gegen die jüdische Schriftauslegung und gegen die „normal"-christliche[2]. Diese Frontstellung empfängt Barnabas also nicht erst aus einem äußeren Anlaß, sondern sie entspringt der eigenen Grundeinstellung, ist also zunächst einmal eine theoretische[3]. Damit ist eine aktuelle natürlich noch nicht ausgeschlossen.

---

[1] So Hefele: „Nicht im besten Lichte kann uns der moralische Zustand derer erscheinen, an welche der Brief gerichtet ist" (259). Weiter vorn in seinem Buch meint er, Vf. müsse, „da selten eine Gefahr allein das christliche Leben bedroht", auch „noch praktische Unsittlichkeit" bekämpfen (139). Ähnlich Hoennicke 335.
[2] S. o. S. 81f.
[3] Eine äußere Gefahr als Gegenüber des Barn hat schon Harnack in Abrede gestellt: „Von der praktischen Gefahr eines concreten Abfalles zum Judenthum sehe ich in dem Brief keine Spur, noch weniger von der eines vordringlichen ‚Judenchristentums'". Und weiter: „Überall handelt es sich, soweit nicht vor sittlichen Missständen gewarnt wird, um Gefahren, die durch das Medium einer vom Verf. für falsch gehaltenen Theorie (Betrachtung des A.T.'s) angeblich entstehen können — natürlich im Schoosse der Gemeinde selbst" (Geschichte II/1 414 Anm. 1).

Sind nun die Aussagen des Barnabas über die Juden voll und ganz von der seinem Schriftverständnis impliziten Frontstellung her zu erklären, oder machen sie die Annahme wahrscheinlich, daß er mit seinem Brief gegen eine akute jüdische Bedrohung kämpft[4]? Eine Vorentscheidung bringt die Beobachtung, daß Barnabas ausschließlich in cc 2—16, also in dem Teil, in dem er Schriftauslegung treibt, von den Juden spricht; er tut es nicht in cc 18—20, was weiter nicht verwunderlich ist, aber auch in den Rahmenkapiteln erwähnt er sie an keiner Stelle. Kämpfte er aber gegen eine akute jüdische Bedrohung, sollte man erwarten, daß er davon zumindest in 1, 5-8, wo er Grund und Zweck seines Schreibens angibt, etwas verlauten ließe. In cc 2—16 sind jedoch die meisten Stellen, an denen von den Juden die Rede ist, traditionell; an den redaktionellen ist keine größere Aktualisierung zu bemerken. Man müßte also behaupten, daß die jüdische Bedrohung, die Barnabas bekämpft, schon für seine Tradition bestand. Doch sehen wir uns die Stellen an! Die Juden erscheinen vor allem als Irrende, die die Schrift nicht richtig verstehen. Gott will, „daß wir nicht wie jene als Irrende suchen" (2, 9), denn „jene" halten Opfern und Fasten für legitime Mittel, sich Gott zu nähern, obwohl ihnen das Gegenteil gesagt wurde (2, 5. 7f; 3, 1f). Was es bedeutet, „daß für Israel angeordnet ist", eine junge Kuh darzubringen (8, 1), ist „jenen dunkel, weil sie nicht die Stimme des Herrn gehört haben" (8, 7). Mit der fleischlichen Beschneidung — Gott hat eine Beschneidung von Herzen und Ohren gefordert und es ihnen auch gesagt (9, 5) — „haben sie eine Übertretung begangen, weil ein böser Engel sie betört hat" (9, 4). Bei den von Moses gegebenen Geboten, bestimmte Tiere nicht zu essen, andere aber wohl, haben sie fälschlich gemeint, es ginge um Speise (10, 9). So hat Moses zwar gut Gesetz gegeben (10, 11); „aber wie hätten jene dazu kommen sollen, das einzusehen oder zu verstehen?" (10, 12). Auch in bezug auf den Tempel haben sie geirrt, indem sie „ihre Hoffnung auf das Gebäude setzten" (16, 1) trotz des Gotteswortes, das Barnabas in v 2 zitiert. An keiner dieser Stellen wird eine akute jüdische Gefahr greifbar; sie sind alle vom eigenen Ansatz des Barnabas in seinem Schriftverständnis zu verstehen. Das Judentum dient hier lediglich als dunkle Folie, von der er seine Schriftauslegung abhebt.

---

[4] Letzteres meinen z. B. Schlatter 64. 66f; Veil, Handbuch 208. 211. 214. 226; Bietenhard 98 und Barnard in fast allen der im Literaturverzeichnis angegebenen Aufsätze. Besonders ausführlich hat Lowy (passim) eine solche These vorgetragen. Sein Ergebnis: „The Epistle was written as an answer to the Jewish messianic movement which prophesied the early reconstruction of the Temple, the ingathering of the Exiles, the coming of the Messiah, political freedom, etc" (32).

Da die Schrift auf Jesus weist, haben die Juden auch ihm gegenüber, der Israel gelehrt und geliebt hat (5, 8), geirrt; das werden sie im Gericht angesichts der Identität des Weltenrichters mit dem von ihnen Gekreuzigten mit Schrecken bemerken (7, 9f). Daß sie auf den hoffen sollten, war ihnen ja gesagt worden (6, 8f; vgl. 12, 2. 3. 5). Aber die Schrift hat im voraus offenbart, daß er „von ihnen" leiden muß (5, 2. 12; 6, 7; 7, 5; 8, 2); so war auch der Zweck seines Kommens die Vervollkommnung ihrer Sünden (5, 11; 14, 5). Auch diese Stellen lassen kein konkretes jüdisches Gegenüber erkennen. Sie sind erklärlich aus dem Grundsatz des Barnabas, daß, was christlicherseits gesagt wird, eine Schriftbegründung haben muß und andererseits alles in der Schrift Gesagte eine Bedeutung hat. Hierhin gehört auch 11, 1, wo die Ablehnung der christlichen Taufe durch die Juden schon in der Schrift begründet gefunden wird. Daß nicht den Juden, sondern den Christen das Testament gehört (4, 6-8; 13; 14), ergibt sich für Barnabas schon notwendig von daher, daß er nur ein Testament kennt; zu dieser Aussage bedarf es keiner konkreten jüdischen Gegnerschaft. Von einer solchen ist auch an den restlichen Stellen nichts zu spüren, die die Juden nennen (4, 14; 8, 3; 9, 6; 16, 4; 16, 5). Nach allem Gesagten kommen wir also zu dem Ergebnis, daß die Frontstellung des Barnabas gegen das Judentum theoretischer Art ist[5].

Wie aber steht es mit der zweiten, im Schriftverständnis des Barnabas implizierten Frontstellung, nämlich der gegen das „Normal"-Christentum? Zunächst ist wieder festzustellen, daß davon in den Rahmenkapiteln nichts zu finden ist. Die Bekämpfung einer solchen Front ist also nach den eigenen Angaben des Barnabas nicht Grund und Ziel seines Briefes. Aber deren Aktualität wird dennoch mindestens an einer Stelle greifbar, wenn Barnabas in 4, 6 sagt: „Aber auch das noch bitte ich euch …, jetzt auf der Hut zu sein und nicht gewissen Leuten gleich zu werden, indem ihr Sünde auf Sünde häuft, wenn ihr sagt: ‚Das Testament gehört jenen und uns'." Wenn Barnabas hier so heftig gegen „gewisse Leute", die nichts anderes als die übliche christliche Auffassung von der Schrift und Israel vertreten[6], polemisiert, daß er das Nachsprechen ihrer These für überaus große Sünde

---

[5] Vgl. auch Windisch 322f. — Einzig ist wohl die völlig abwegige Meinung, der Barn sei an jüdische Leser gerichtet: Wehofer 63. — Zu den Konstruktionen von Veil und Barnard vgl. den nächsten Abschnitt. — Barnabas gegen „‚judaisierende' Christen" kämpfen zu lassen (Harnack, Barnabas 413; vgl. auch Hefele 135f; von Weizsäcker 4; Krüger 14; Kittel 74), hat man ebenfalls keinen Anlaß. Die Kultpolemik zeigt nirgends einen aktuellen Bezug.
[6] Vgl. o. S. 82.

erklärt, zeigt er, daß sie nicht nur ein theoretisches, sondern auch ein konkretes, aktuelles Gegenüber bilden. Diese Front wird wohl auch in 9, 6 greifbar, wo Barnabas den die fleischliche Beschneidung Israels rechtfertigenden Einwand, das Volk sei „zur Bestätigung" beschnitten, abwehrt. Und schließlich dürfte Barnabas sie — und nicht Juden — meinen, wenn er in 12, 10 als „Irrtum von Sündern" den Satz „der Christus ist Sohn Davids" nennt. Somit kann man feststellen, daß die dem Schriftverständnis des Barnabas implizite Gegnerschaft gegen die übliche christliche Schriftauffassung nicht ohne aktuellen Bezug ist.

Heißt das nun aber, daß Barnabas an bestimmte, ihm gleichgesinnte Leser schreibt, die er von dieser Gegnerschaft bedroht sieht? Daß sie in solcher Weise Anlaß eines wirklichen Briefes ist, dagegen spricht einmal — wie oben schon vermerkt —, daß Barnabas in den Rahmenkapiteln nichts davon verlauten läßt. Zum anderen muß nun aber gefragt werden, was er über die Empfänger seines Briefes schreibt und wie er sein Verhältnis zu ihnen sieht.

Im Präskript fehlt nicht nur der Absender, sondern auch eine genauere Angabe über die Empfänger; innerhalb einer Grußformel, aus der allein das Präskript besteht, findet sich lediglich die Anrede „Söhne und Töchter". Entsprechend enthält das Briefende nur einen sehr unbestimmt gehaltenen Schlußgruß (21, 9b), während es besonderer Grußbestellungen ermangelt. Was Barnabas im Proömium (1, 2-4) über seine Leser sagt, ist von einer solchen Allgemeinheit, daß es auf jede christliche Gemeinde zutreffen kann[7]: Gottes Rechtsforderungen an sie sind groß und reich; sie sind „glückselige und herrliche Geister"[8]; sie haben „die Gnade der Geistesgabe eingepflanzt erhalten"; „aus der reichen Quelle des Herrn" ist der Geist auf sie ausgegossen; „großer Glaube und Liebe wohnt" in ihnen „wegen der Hoffnung auf sein Leben". Diese ebenso umständlichen wie überschwenglichen Aussagen über die Leser sind weiter nichts als die Feststellung, daß sie Christen sind und als solche den Geist haben. Sie enthalten nichts, was eine bestimmte Leserschaft auszeichnete. Nun behauptet aber Barnabas in 1, 3, schon bei den Lesern gewesen zu sein: Ihr Anblick habe ihn „geradezu überwältigt"; und nach 1, 4 will er unter ihnen auch geredet haben[9]. Doch auch hier sagt er nichts Spezifisches, sondern bleibt im

---

[7] Vgl. Wrede 89: „Der Tatsachengehalt in diesem Exordium ist mager".

[8] S. Anm. 11 zu Teil A.

[9] So gilt 1, 3f neben 9, 9 oft als Beweis dafür, daß Barnabas an ganz bestimmte, ihm bekannte Leser schreibe; vgl. etwa Hefele 128f; Veldhuizen 100; Bardenhewer 103; Muilenburg 48f; Schmid 1212. Aus 21, 7 schließt Veil sogar, daß dem Verfasser aus Sorge um seine Leser der nächtliche Schlaf geraubt wurde (Handbuch 208).

Allgemeinen. 9, 9 glaubt er zu wissen, daß sie „würdig" sind, den zuvor gegebenen „Logos" zu hören; da er aber 17, 2 feststellt, daß sie „Gegenwärtiges oder Zukünftiges" nicht verstehen werden, darf man im einen wie im anderen wohl nicht mehr als Floskeln sehen. Die Behauptung, die Leser schon besucht zu haben, dient demnach lediglich dazu, die Briefform des Schreibens zu rechtfertigen; sie ist also für eine Fiktion zu halten.

Dem entsprechen auch die nichtssagenden Äußerungen des Barnabas über sich selbst: Er will „nicht wie ein Lehrer" (1, 8; 4, 9), sondern „wie einer von euch" (1, 8; 4, 6) zur Freude seiner Leser schreiben, wovon er sich selbst „Lohn" verspricht (1, 5; 21, 7)[10]. Er nennt sich ihren „alleruntertänigsten Diener" (4, 9; 6, 5), freut sich übermäßig über sie (1, 2) und sieht sich gezwungen, sie mehr als sich selbst zu lieben (1, 4). Andererseits gibt er an, viel zu wissen (1, 4), und will mit diesem Wissen seinen Lesern dienen (1, 5). Über seine jetzige Lage, über seine Pläne, über einen Wunsch, sie wiederzusehen, verlautet nichts, wo er doch nach 1, 3 einst ihren Anblick ersehnt haben will. Das alles unterstreicht nur, daß es sich bei der Briefform des Schreibens um eine literarische Einkleidung handelt[11]. Barnabas schreibt an ein ideales Publikum. Er wirbt um seine Leser. Das zeigen die übermäßige Art der Ausführungen über die Leser in 1, 2-4 und die ebenso übermäßige Selbsterniedrigung dessen, der viel weiß (1, 4), als „alleruntertänigster Diener" (4, 9; 6, 5)[12]. Deshalb stellt er sich auch mit seinen Lesern auf eine Stufe und will als einer von ihnen und nicht als Lehrer schreiben. So wird man sein Werk formgeschichtlich am besten als ein in Briefform gekleidetes Propagandaschreiben charakterisieren[13]. Dazu paßt auch, was Barnabas selbst als dessen Ziel angibt. Er will seinen Lesern über den Glauben hinaus, den er als gegeben voraussetzt, „vollkommene Gnosis" mitteilen (1, 5), deren er sie also noch für bedürftig hält. Nach dem, was sich uns bei der Untersuchung dieser

---

[10] Dazu vgl. Windisch 305.

[11] Vgl. Wrede 87—96; Wendland 379; Quasten 85; Jordan 139.

[12] Vgl. Windisch 304, der nach der Konstatierung dessen, daß einige Worte in 1, 3f eine kurz zurückliegende persönliche Anwesenheit des Verfassers bei seinen Lesern anzeigen, fortfährt: „Dann macht der übertriebene, fast zur Schmeichelei werdende Ton der Anerkennung, den er den Lesern gegenüber anschlägt, einen merkwürdigen Eindruck; der christliche Lehrer, der eine Autorität sein soll, folgt den Spuren der weltlichen Rhetoren, die auf die Gunst der Hörer angewiesen sind".

[13] Lietzmann nennt den Brief einen „theologischen Traktat" und spricht von seinem Verfasser als einem „gelehrten Männlein, das nicht wenig stolz ist auf seine Künste, und das deshalb der Christenheit die Ergebnisse seiner Forschung in Form einer Flugschrift zugute kommen lassen will" (229).

Gnosis ergeben hat, kann die in 1, 5 gegebene Ankündigung nichts anderes meinen, als daß Barnabas mit seinem Schreiben unter Christen für seine besondere Sicht des Christentums werben will[14]. In dieses Bild fügt sich ein, daß die dem Schriftverständnis des Barnabas implizite Frontstellung gegen das „Normal"-Christentum auch aktuelle Bedeutung hat. Mit ihm steht er — wie auch seine Schule — in Auseinandersetzung; direkt polemisiert er zwar geschickterweise nur gegen „gewisse Leute" (4, 6), aber deren Ansicht über Schrift und Israel setzt er auch bei den von ihm erwarteten Lesern voraus; andernfalls bedürften sie kaum seiner Vermittlung der Gnosis, für die er sie gewinnen will.

II. Zeit und Ort

Die Frage nach der Entstehungszeit des Barn ist in der Forschungsgeschichte oft und ausführlich diskutiert worden. Zu ihrer Lösung zog man immer wieder zwei Stellen heran, nämlich 4, 3-5 und 16, 3f, von denen wegen eventuell in ihnen vorliegender zeitgeschichtlicher Anspielungen Auskunft erhofft werden konnte. Was nun zunächst 4, 3-5 betrifft, so hatte sich uns bei der Traditionsanalyse ergeben, daß es sich bei dieser Stelle um eine ursprünglich selbständige Einheit handelt, die Barnabas bei Abfassung des Briefes schon mit 4, 1b. 2. 9-13 (5, 4) verbunden vorlag[15]. Ist sie aber der Abfassung des Briefes nicht gleichzeitig, kann ihr Inhalt auch nichts für deren Datierung hergeben, sondern lediglich für die des isolierten Einzelstückes. Diese Ansicht, daß 4, 3-5 wegen seines traditionellen Charakters in der Debatte um die Entstehungszeit des Barn ausscheiden muß, ist schon von Harnack vertreten worden[16]. Daß darauf in der Folgezeit leider so gut wie gar nicht eingegangen wurde, lag wohl vor allem daran, daß Harnack keinen ernsthaften Versuch unternommen hatte, die Stelle als traditionell zu erweisen.

Betrachtet man 4, 3-5 als isolierte Einheit und fragt nach deren Entstehungszeit, so hat die Vespasianhypothese am meisten für sich, und zwar in der Gestalt, wie sie von d'Herbigny vertreten worden ist. Alle wichtigen Züge finden so eine

---

[14] In seinen Vorarbeiten zu Textausgabe und Übersetzung spricht Stegemann (s. Vorwort) vom Barn als einer „massiven *Propagandaschrift*, deren Entstehen im Expansionsbestreben einer spezifischen Art frühchristlicher Theologie wurzelt".

[15] S. o. S. 21f.

[16] Geschichte II/1 419: Barnabas habe die beiden Zitate samt ihren Modifikationen „aus zweiter Hand"; „wer bürgt uns dafür, dass sie noch auf die Zeit unseres Verfassers passen?" (vgl. auch 423 und Stegemann 149).

befriedigende Erklärung: Die Zehnzahl der dem kleinen König vorangehenden Herrschaften gewinnt d'Herbigny dadurch, daß er Caesar und Mark Anton mitzählt, was er als für den Orient gebräuchlich nachweist (Date 436—443. 540—554). Dadurch erklärt sich auch die Änderung von βασιλεῖς in βασιλεῖαι (437—439. 546f). Durch die Einrechnung Mark Antons ist der Vespasianhypothese von Weizsäckers (26—30) ihre entscheidende Schwäche genommen, die Funk veranlaßt hatte, die ganze Hypothese zu verwerfen (Barnabasbrief 27). Diese vermag sodann als einzige die Einfügung von ὑφ᾽ ἕν hinreichend zu erklären: Indem Galba, Otho und Vitellius zusammen nur 18 Monate regierten, geschah „Zeitverkürzung" (4, 3), kann von einer Erniedrigung ὑφ᾽ ἕν die Rede sein. Schließlich ist die Einfügung von μικρός vor βασιλεύς in v 4 und von παραφυάδιον nach κέρας in v 5 von daher erklärbar, daß es sich bei Vespasian um einen Bauernabkömmling handelt (554). Ist somit d'Herbigny für die Datierung von 4, 3-5 als Einzelstück zuzustimmen, so muß sein Versuch, die Zeit Vespasians für den Barn als ganzen wahrscheinlich zu machen (559ff), als mißlungen angesehen werden, worauf wir hier aber nicht einzugehen brauchen. — Alle anderen Hypothesen zur zeitlichen Ansetzung von 4, 3-5 — im folgenden werden nur die wichtigsten erwähnt — haben schwerwiegende Argumente gegen sich: 1. Lightfoot (505—511) erblickt die Dreizahl in Vespasian und seinen mitregierenden Söhnen, deren gemeinsame Erniedrigung durch den Antichrist (= Nero redivivus) 4, 3-5 erwarte. Aber setzt das Zustandekommen einer solchen Stelle nicht schon das Geschehensein der „Erniedrigung" voraus? Sodann wird die Zehnzahl zur Zwölfzahl. Selbst wenn man Otho und Vitellius nicht mitzählt (so Ramsay nach dem Referat von Harnack, Geschichte II/1 421), ist nicht viel geholfen; denn in den Mitregenten kann man kaum βασιλεῖς, aber bestimmt nicht — wie es in 4, 4 genauer heißt — eigene βασιλεῖαι erblicken. Und wieso ist der Antichrist ein „kleiner König"? 2. Funk hat sich entschieden für die Nervahypothese eingesetzt (Barnabasbrief 23—31; Zeit 107f). Das ὑφ᾽ ἕν muß hier sehr großzügig interpretiert werden: „Sofern in und mit dem letzten Repräsentanten des flavischen Kaiserhauses gewissermaßen alle drei Flavier gestürzt wurden" (Barnabasbrief 30). Aber wieso erfolgte hier eine Zeitverkürzung (v 3)? Und inwiefern konnte Nerva als ein „kleiner König" bezeichnet werden? 3. Veil (Handbuch 211—217) und neuerdings auch Barnard (vor allem in Date 103—107) sind für die Hadrianhypothese eingetreten. Durch seine freundliche Judenpolitik am Anfang seiner Regierung habe dieser Kaiser Vespasian, Domitian und Trajan „erniedrigt, d. h. gewissermaßen noch nach ihrem Tode herabgewürdigt und entehrt" (Veil, Handbuch 215; nach Barnard werden die drei Flavier als Feinde der Kirche durch Nero redivivus als Antichristen erniedrigt werden). Auf Hadrians angeblich freundliche Judenpolitik werden wir noch eingehen. Aber davon abgesehen — wieso läge darin eine Erniedrigung und wieso — wenn schon — gerade der drei Genannten, warum dann nicht auch etwa des Titus oder Claudius? Worin besteht hier die Zeitverkürzung? Und bei Barnard stimmt selbst unter Auslassung von Caesar, Galba, Otho, Vitellius nicht einmal die Zehnzahl, da nach ihm nicht Hadrian, sondern Nero redivivus der Erniedriger ist. Zu dieser These ist es wohl nur deshalb gekommen, weil Veil und Barnard 16, 3f als Anspielung auf die Zeit Hadrians verstehen und von daher auch das Stück 4, 3-5 entsprechend erklären müssen, da sie dessen traditionellen Charakter nicht erkennen.

Muß also 4, 3-5 als Mittel zur Datierung des Barn als ganzen ausscheiden, bleibt zu untersuchen, ob 16, 3f bei der Lösung dieser Frage helfen kann[17]. Die Traditionsanalyse hatte es wahrscheinlich gemacht, daß 16, 3f von Barnabas selbst stammt und der Abfassung des Briefes gleichzeitig ist[18]. Liegt hier eine zeitgeschichtliche Anspielung vor, klärt sie das Datum des ganzen Briefes. Aber gerade, daß diese Verse eine solche enthalten, ist oft und energisch bestritten worden. Besonders vehement ist Funk dafür eingetreten, die Stelle vom geistlichen Tempel der Kirche und nicht von einem steinernen zu verstehen[19]; zuletzt hat diese These Prigent verfochten[20]. Entscheidend gegen sie spricht aber der Kontext: In vv 1f polemisiert Barnabas gegen den Tempel der Juden; ihre Hoffnung auf das Gebäude war vergeblich. In v 5 bringt er eine — inzwischen erfüllte (v 5c) — Prophetie über die Dahingabe von Stadt, Tempel und Volk Israel. Welchen Sinn sollte innerhalb eines solchen Zusammenhanges ein Bezug auf den geistlichen Tempel haben[21]? Von ihm ist erst ab v 6 die Rede, was Barnabas auch durch einen deutlichen Neuansatz markiert[22]. Will man also die Stelle 16, 3f in ihrem Kontext verstehen, muß man annehmen, daß sie von einem steinernen Tempel spricht.

Aber von welchem? Die schon ausführlich von Schlatter[23] und Veil[24] vertretene These, es werde hier auf einen jüdischen Tempelbau, der auf einem Versprechen Hadrians beruhe, angespielt[25], ist zuletzt in einer ganzen Reihe von Aufsätzen wieder von Barnard vorgetragen

---

[17] Die Textüberlieferung von v 4 ist nicht einheitlich. γίνεται (V) wird von SH ausgelassen; et fiet bei L ist Angleichung des Tempus an ἀνοικοδομήσουσιν. Dieses Futur neben dem Präsens γίνεται könnte auch der Anlaß für die Streichung von letzterem bei H gewesen sein. S ließ γίνεται aus, weil hier das Futur in den Konjunktiv geändert wurde; damit in Zusammenhang steht die Einfügung von καί nach αὐτοί: Aus einer (zeitgeschichtlich orientierten) Feststellung wurde der Wunsch, daß Juden und Heiden die Kirche aufbauen mögen. S hat die Stelle also vom geistlichen Tempel verstanden. Die Sekundarität dieses Textes wird dadurch unterstrichen, daß sich unter der Voraussetzung seiner Ursprünglichkeit die Varianten in den anderen Zeugen nicht zufriedenstellend erklären lassen. — Völlige Unkenntnis der textkritischen Verhältnisse des Barn verrät die Argumentation von Bietenhard 96.

[18] S. o. S. 52.

[19] Barnabasbrief 19—23; Zeit 99—106.

[20] 75—78.

[21] Funk gibt nicht mehr als eine Verlegenheitsauskunft: „Bei dem Gebrauch, den der Verfasser von der Allegorie macht, kann es nicht auffallen, wenn er vom materiellen Tempel plötzlich zum geistigen überspringt" (Barnabasbrief 20).

[22] Vgl. Stegemann 149f.

[23] 63—67.

[24] Handbuch 214. 223—235.

[25] Diese These wurde auch schon von Müller vertreten (335—338); S. 336f nennt er Vorgänger, unter denen vor allem Volkmar hervorzuheben ist.

worden[26]. Hierin sehen diese Autoren auch den Anlaß des Briefes: Angesichts des wiedererstehenden jüdischen Tempels schreibt Barnabas seinen Brief als Auseinandersetzung mit dem Judentum, um die Christen vor einem Rückfall — ihn provoziere das Tempelbauereignis für viele Christen — zu bewahren. Was es mit der antijüdischen Einstellung des Barnabas wirklich auf sich hat und daß sie nicht Anlaß des Briefes ist, hat der vorangehende Abschnitt dargelegt. Aber könnte nicht dennoch die Stelle 16, 3f auf einen jüdischen Tempelneubau bezogen werden? Doch spricht der Kontext dagegen. Was soll hier, wo Barnabas mit Schriftworten gegen den jüdischen Tempel polemisiert (vv 1f) und seine erfolgte „Dahingabe" als vorher offenbart feststellt (v 5), die bloße Konstatierung vom — nach dem Zitat in v 3 gottgewollten — Wiederaufbau eben dieses Tempels[27]?

Lassen darüber hinaus die uns zur Verfügung stehenden Quellen wirklich den Schluß zu, Hadrian habe den Juden den Wiederaufbau des Tempels erlaubt? Daß sich Hoffnungen solcher Art mit dem Herrschaftswechsel von Trajan zu Hadrian verbanden, mag sein. Doch ist damit nichts geholfen, da Barnabas ganz präzise den unmittelbar bevorstehenden Baubeginn voraussetzt (γίνεται, νῦν, ἀνοικοδομήσουσιν). Für die Hoffnung der Juden auf bessere Zeiten hat man auf Sib V, 46—50 verwiesen[28]. Da aber das Stück 1—51, wie Z. 51 zeigt, erst in der Zeit der Antonine geschrieben und dem ganzen Buch vorangestellt worden ist[29], kann das Lob Hadrians kaum von einem Juden stammen, sondern muß heidnischen Ursprungs sein[30]. Die Stelle ist also kein Beleg für eine judenfreundliche Politik Hadrians[31] und schon gar nicht

---

[26] Stephen 63. 71; Date 102f; Homily 74. 75. 84f; Testimonies 128; Note 263; Folklore 433; Catechism 177. — Weitere Vertreter dieser These in neuerer Zeit sind Thieme, Kirche 13f. 24; Kleist 32. 170 Anm. 26. 180 Anm. 166; Rengstorf 61. Veil und Barnard datieren dieses Versprechen Hadrians ins Jahr 117, Schlatter ins Jahr 130.

[27] Man vergleiche, wie gezwungen Veil argumentiert, wenn er in bezug auf 16, 3f von einer „in Sicht stehenden Wiederherstellung des jüdischen Tempels, wenn auch nicht Gottes Absichten entsprechend, so doch wenigstens von ihm vorher gewußt und vorausgesagt" (Handbuch 223 — Sperrung von mir), spricht und v 5 trotz der Vergangenheitsaussagen außerhalb des Zitates auf eine zukünftige Zerstörung bezieht (227f). Da hilft es auch nicht, wenn er das letzte Sätzchen als zum Zitat gehörig betrachtet (228); schon der erste Satz blickt zurück.

[28] Veil, Handbuch 230f; Bietenhard 82; Barnard, Stephen 63, Date 102.

[29] Kurfess 307. 308.

[30] Das gilt wohl auch für die parallele Stelle Sib XII(X), 163—175. Wenn es 166 von Hadrian heißt: οὗτος καὶ ναοὺς πόλεσιν πάσαις ἀναθήσει, so ist damit keineswegs gesagt, daß Hadrian den Tempel in Jerusalem als jüdischen bauen ließ.

[31] Nach Veil mußte den Juden auch die Absetzung des Lucius Quietus als ein gutes

für ein von ihm gegebenes Tempelbauversprechen. Barnard verweist auch auf Sib V, 421[32], wo es heißt, daß „die Stadt, nach welcher Gott Verlangen trug", „glänzender als die Sterne und die Sonne und der Mond" gemacht wurde. Doch geht es nicht an, diese Stelle und mit ihr den ganzen Zusammenhang von 414—433 auf Hadrian zu beziehen. Die hier gemachten Aussagen stellen es sicher, daß der „selige Mann" eine von Gott gesandte himmlische Gestalt am Ende der Zeiten und nicht ein römischer Kaiser ist[33]. Schließlich begründet Barnard seine Ansicht noch mit Epiphanius, De mensuris et ponderibus 14[34]. Doch ist zunächst dessen zeitlicher Ansetzung wenig Vertrauen entgegenzubringen: Er läßt Hadrian — von Rom ausgehend — auf einer Reise nach Ägypten im Jahre 117 in Jerusalem Station machen und Älia gründen. Diese Reise aber ist im Jahre 117 nicht möglich; Epiphanius dürfte die von 130 falsch datiert haben. Sodann weiß er von einem Tempelbau nichts; er schließt ihn sogar ausdrücklich aus (οὐ μὴν τὸ ἱερόν). Daß Hadrian den Bibelübersetzer Aquila mit der Oberaufsicht über die Bauarbeiten beauftragt habe, läßt keinen Schluß auf eine besondere Judenfreundlichkeit seinerseits zu; denn nach Epiphanius ist Aquila erst später Proselyt geworden (c15). Will man also Epiphanius zum Zeugen für ein Tempelbauversprechen Hadrians haben, muß man seinen Text gegen ihn selbst verstehen. Das wäre aber nur dann erlaubt, wenn man anderswoher sichere Kunde hätte. So räumt Veil ein, daß die Nachrichten des Epiphanius keine Sicherheit erlauben, und beruft sich stärker auf Midrasch Bereschit Rabba 64 zu Gen 26, 28, wo nun wirklich davon die Rede ist, daß „in den Tagen des R. Josua ben Chananja die böse Regierung den Befehl gab, das Heiligtum wieder aufzubauen". Doch schließt das Stück damit, daß der Bau gerade nicht ausgeführt wird[35]. Schlatter nennt es ein „Gemengsel", das „mit den Ereignissen unter Hadrian ... nichts zu tun (hat), weil ja nichts Geringeres als das ganze Blutbad von Bittir dabei vergessen wäre"[36].

Zeichen erscheinen (Handbuch 230); aber wie d'Herbigny feststellt, ging es ihnen unter dessen Nachfolger nicht besser (Date 424 Anm. 2).

[32] Alle drei Stellen aus Sib wurden schon von Müller 338 angeführt.
[33] Vgl. Bousset, Religion 260f.
[34] Stephen 63. Für Thieme ist Epiphanius der einzige Gewährsmann (Kirche 24).
[35] Zur historischen Unwahrscheinlichkeit der einzelnen Aussagen vgl. Bietenhard 91. 106.
[36] 93 Anm. 85. Schlatter bezieht das Stück auf den Tempelbauversuch unter Julian (92; so auch J. Fürst in der Einleitung S. V zu August Wünsche, Der Midrasch Bereschit Rabba, Leipzig 1881). „Josuas Name ist immer der nächste, wo der Erzähler etwas Altes vor sich zu haben meint" (93 Anm. 85). Der Satz über Papus und Julianus ist „eingesprengt" (92f). Sie wurden schon unter Trajan hingerichtet

Auch Bereschit r. 64 ist also kein Beleg dafür, daß Hadrian den Juden den Wiederaufbau des Tempels erlaubt hat.

Für die Existenz eines jüdischen Tempels unter Hadrian zitiert Bietenhard Chrysostomus, Adversus Judaeos V, 10[37], daß die Juden es dreimal versucht haben, den Tempel zu bauen[38]. In c 11 führt Chrysostomus aus, daß sie unter Hadrian einen Aufstand machten und versuchten, die frühere πολιτεία wieder aufzurichten. Dazu wird man auch den Tempelbau zählen müssen. Chrysostomus berichtet weiter, daß Hadrian den Aufstand niederschlug und die Stadt Älia nannte. Hier werden also die Ereignisse von 132—135 beschrieben. Mit diesem Bericht stimmen Kedrenus[39] und Nikephorus Kallistus[40] überein, die aber ausdrücklich sagen, daß die Juden im Aufstand den Tempel bauen wollten, und vermerken, daß Hadrian nach dem Krieg sein Standbild im Tempel aufstellen ließ. Die hier genannten Quellen wissen also nur von einem während des Aufstandes unternommenen Tempelbau. Auch die jüdischen Quellen machen es keineswegs wahrscheinlich, daß schon vorher ein jüdischer Tempel mit der Bewilligung Hadrians zu bauen angefangen worden ist, wie Schlatter will[41]. Die Münzen aus der Aufstandszeit mit den Namen Simeons und des Hohenpriesters Eleazar belegen nicht die Existenz eines wiedererbauten Tempels[42]; daß Jerusalem mindestens ein Jahr fest in der Hand der Aufständischen war, legt lediglich die Annahme nahe, daß man den Tempelbau in Angriff nahm. Ebenso wenig beweiskräftig ist der Satz des R. Simeon ben Jochai: „Als Hadrian in das Allerheiligste trat, brüstete er sich und verhöhnte Gott" (Midrasch Schemot r. 51 zu Ex 38, 21)[43]. Wenn nach Midrasch Eka r. zu Klgl 5, 18 ein Fuchs aus dem Allerheiligsten des

---

(92; vgl. Bietenhard 73—76). Gegen das Unternehmen, aus der Erwähnung von Papus und Julianus in Bereschit r. 64 auf ein Tempelbauversprechen Trajans zu schließen, vgl. Bietenhard 102—108.

[37] MPG 48 Sp. 899 f.

[38] 89. Bietenhard übersieht völlig V, 11; er zitiert nur den Schluß von V, 10, daß die Juden den Tempelbau dreimal unternahmen und scheiterten. Daraus folgert er: „Diese drei Tempelbauten können nicht wohl anders verstanden werden, als auf die Bauten unter Salomo, nach dem Exil und zur Zeit Hadrians". — Sie müssen es aber; denn Chrysostomus führt im folgenden breit aus, daß er die gescheiterten Versuche unter Hadrian, Konstantin und Julian meint.

[39] MPG 121 Sp. 477.

[40] MPG 145 Sp. 944.

[41] 44—51. 56—62. Vgl. dazu auch Bietenhard 161—167.

[42] Schlatter 56: „Der Priester ist nichts ohne den Tempel". Aber es gab Priester ohne Tempel, und wie der von Schlatter S. 44 f herangezogene Text Tosefta ket. 3 zeigt, legten sie sogar Wert darauf, daß auch ihre Söhne Priester werden konnten.

[43] Schlatter 49.

(zerstörten) Tempels herauslaufen konnte, konnte Hadrian auch in das Allerheiligste eines unfertigen Tempels hineingehen. Mit dem Ausspruch des R. Tanchuma schließlich: „Es war die Zeit bestimmt, daß Hadrian ... die Steine des Heiligtums zerstören sollte" (Midrasch Debarim r. 3 zu Dt 5, 1)[44] ist ebenfalls noch nicht der Beweis erbracht, daß Hadrian etwas anderes zerstörte, als was während des Aufstandes aufgebaut worden war[45]. Diese drei unter den von Schlatter angeführten Zeugen nennt Bietenhard „ziemlich bestimmte Belege"[46]; alle übrigen sind — wie er vorsichtig sagt — „umstritten". Die Beweislast für Schlatters These kann jedenfalls keiner von ihnen tragen[47]. Hätte Hadrian wirklich die Erlaubnis zum Wiederaufbau des Tempels gegeben, sollte man davon einen Niederschlag in der jüdischen Überlieferung erwarten. Es ist aber bezeichnend, daß Schlatter für eine solche Erlaubnis kein jüdisches Zeugnis anzuführen vermag, sondern dafür den von ihm in dieser Weise interpretierten Barn heranziehen muß[48]. Historisch wahrscheinlich ist nur, daß die aufständischen Juden es unternahmen, den Tempel wieder aufzubauen. Darauf aber kann sich Barn 16, 4 nicht beziehen; denn die hier gebrauchte Formulierung setzt zumindest voraus, daß der Bau nicht gegen den römischen Willen erfolgte.

Dem Kontext des Barn fügt sich die zuerst von Lipsius[49] und dann vor allem von Harnack[50] vertretene These ein, in 16, 3f sei von dem unter Hadrian in Jerusalem = Älia Capitolina gebauten Jupitertempel die Rede[51]: Daß an der Stelle und aus den Trümmern des jüdischen Tempels ein heidnischer gebaut werden soll, disqualifiziert das jüdische Heiligtum[52]; vv 3f bilden also genau wie vv 1f und v 5 eine Polemik

---

[44] Schlatter 47f.
[45] Das gilt auch für Chronicon Paschale 253f (ed. L. Dindorf, I, Bonn 1832 [CSHB], 474). Es ist zu beachten, daß Tanchuma und das Chronicon recht späte Zeugen sind. Letzteres datiert falsch und scheint auch über die Dauer des Krieges eine unrichtige Vorstellung zu haben.
[46] 163.
[47] Zum Teil beziehen sie sich nicht auf die Zeit Hadrians, zum anderen Teil sprechen sie gar nicht vom Tempel.
[48] „Wir wissen aus den Münzen und den Erzählern, daß es einen Hohenpriester in Jerusalem gab; ein solcher ist nicht möglich ohne ein Heiligtum. Wie bekam er es? Der Barnabasbrief sagt es uns. Hadrian hat an seine Diener geschrieben, daß sie den Bau des Tempels zu gestatten und zu leiten haben" (67).
[49] 371f.
[50] Geschichte II/1 424—427.
[51] Dieselbe These vertreten auch Schürer 670—682; Ladeuze 212—221; Windisch 388—390 und zuletzt Stegemann 149f.
[52] Vgl. Harnack, Geschichte II/1 426.

gegen „das Gebäude", auf das die Juden ihre Hoffnung gesetzt haben[53].

Vom Bau des Jupitertempels berichtet Dio Cassius in seiner römischen Geschichte 69, 12: Auf seiner Orientreise habe Hadrian 130 Jerusalem als Älia neu aufbauen und auf dem Tempelplatz einen Tempel für Zeus errichten lassen. Das sei für die Juden der Anlaß zum Aufstand gewesen. Während aber Hadrian sich noch in der Nähe aufhielt, zuerst in Ägypten und dann wieder in Syrien, hätten sie noch Ruhe gewahrt, danach aber losgeschlagen. Nach Eusebs Kirchengeschichte IV, 6 — wie auch nach den oben genannten Stellen bei Chrysostomus, Kedrenus und Nikephorus Kallistus — erfolgte die Neugründung von Älia nach der Niederschlagung des Aufstandes. Beide Angaben schließen sich nun keineswegs gegenseitig aus: Wenn Hadrian wirklich schon 130 den Befehl zum Aufbau von Älia gegeben hat, was im Zusammenhang mit seinen anderen Neugründungen und Bauten gesehen werden muß[54], ist es leicht verständlich, daß er das durch den Aufstand unterbrochene Werk nach dessen erfolgreicher Unterwerfung wieder aufnehmen und vollenden ließ. Es besteht kein Grund, an den Angaben Dios zu zweifeln, auch wenn es sich bei Buch 69 nur um ein Exzerpt handelt[55]. Da nun Barnabas keine Kenntnis des jüdischen Krieges von

---

[53] Dagegen wendet Schlatter ein, daß Barnabas — bezöge sich 16, 3f wirklich auf den heidnischen Tempel — sein bestes Argument „selbst geschwächt und verhüllt" habe (64f; ähnlich Bietenhard 98 und Anm. 109a auf S. 97). Doch dieser Einwand trifft nur unter der — falschen — Voraussetzung, daß Barnabas gegen eine akute jüdische Bedrohung schrieb. — Das weitere Argument Schlatters, Barnabas könne einen heidnischen Tempel nicht „als Wiederherstellung und Fortsetzung des jüdischen" betrachten, verkennt die Radikalität seiner Kultpolemik. — Gänzlich verfehlt ist Barnards Einwand: „Kein Jude wäre an solch einem Greuel interessiert gewesen" (Date 102 Anm. 4). Schrieb denn Barnabas als Jude an Juden? Gerade weil es sich beim Bau des Jupitertempels um einen Greuel handelte, konnte Barnabas diese Tatsache in seiner Polemik gegen den Tempel ohne jeden weiteren Kommentar benutzen.

[54] Epiphanius nennt ihn zu Recht φιλοΐστωρ (de mens. 14). Vgl. zum ganzen Noth 402f (dort auch Ausführungen zu Spartian, Hadrian 14, wonach das Beschneidungsverbot Anlaß zum Aufstand gewesen ist).

[55] Bietenhard (86) behauptet, Dio habe sich „in einigen nicht unwichtigen Punkten ganz einfach geirrt". Jerusalem sei nach dem Jahre 70 „nicht einfach restlos zerstört" gewesen (Sperrung von mir). Aber das sagt Dio auch gar nicht. Er berichtet lediglich, daß Hadrian die Stadt Älia anstelle der zerstörten baute; warum sollte er vermerken, daß ein Teil nicht zerstört und anderes inzwischen gebaut worden war? Auch Epiphanius konstatiert zunächst, daß Hadrian „die ganze Stadt dem Erdboden gleichgemacht" vorfand; da er aber von der christlichen Gemeinde Jerusalems in jener Zeit erzählen will, trägt er nach, was nicht dem Erdboden gleich war (de mens. 14). Dio aber hatte kein vergleichbares Interesse. — Daß auch schon vor 130 Fremde in der Stadt mit eigenen Heiligtümern waren, spricht — trotz Bietenhard —

132—135 verrät, wird sich seine Anspielung in 16, 3f auf den 130 gegebenen Befehl Hadrians zum Bau eines Jupitertempels beziehen. Daher dürfte sein Brief zwischen 130 und 132 geschrieben sein.

Als Entstehungsort des Barn nennt man häufig Alexandria[56], wofür
drei Argumente ins Feld geführt werden: 1. Der Brief ist in früher Zeit
ausschließlich in Ägypten bezeugt (Clemens Alexandrinus, Origenes,
Codex Sinaiticus); 2. seine Auslegung ist „alexandrinisch"; 3. mit der
Behauptung in 9, 6, „alle Götzenpriester" seien beschnitten, wird der
ägyptische Brauch der Priesterbeschneidung fälschlicherweise als allgemein üblich hingestellt. — Doch lassen sich gegen jedes dieser Argumente Einwände geltend machen.

Ad 1: Die ägyptische Bezeugung kann nur eine Möglichkeit aufweisen, die andere Möglichkeiten nicht ausschließt, zumal zwischen
der wahrscheinlichen Entstehungszeit und der ersten Bezeugung etwa
50 Jahre liegen und zudem das christliche Ägypten gegenüber literarischen Produkten besonders „aufnahmefreudig" war[57]. Die Bezeugung des Briefes in Ägypten könnte sogar geradezu gegen seine Entstehung in Alexandria sprechen: Wie wir im vorigen Abschnitt festgestellt haben, ist er ein Propagandaschreiben, das für eine ganz bestimmte Auffassung des Christentums wirbt, die sich jedoch nicht
durchgesetzt hat. Daher dürfte der Brief in seinem Entstehungsgebiet
kaum stark verbreitet und vor allem nicht weiterüberliefert worden
sein; Aussichten auf Überlieferung hatte er dagegen dort, wo man die
lokalen Auseinandersetzungen seines Entstehungsgebietes nicht kannte,
ihn also im ganzen nicht so verstand, wie er verstanden sein wollte,
wohl aber Gefallen an vielen einzelnen Ausführungen fand[58].

Ad 2: Versteht man unter „alexandrinischer" Auslegung im Barn
eine Abhängigkeit von Philo, so steht der überzeugende Nachweis einer

---

ebenfalls nicht gegen Dios Bericht; diese Heiligtümer standen nicht an der Stelle
des alten Tempels. Daß Hadrian gerade dort den Jupitertempel bauen ließ, das ließ
die Juden zu den Waffen greifen. — Schließlich wendet Bietenhard noch gegen Dio
ein, daß der Abfolge: Bau von Älia — Aufstand die umgekehrte in anderen Quellen
entgegenstünde. Daß das kein Widerspruch ist, wurde oben schon gezeigt.

[56] Z. B.: Lightfoot 504 f; Harnack, Geschichte II/1 412; Veldhuizen 124; Knopf, Zeitalter 38, Einführung 110; Muilenburg 29 f; Barnard, Date 101, Problem 211.

[57] So von Campenhausen, Entstehung 248. 370.

[58] Vgl. die Benutzung des Barn durch Clemens Alexandrinus (Stellenangaben bei
Harnack, Geschichte I/1 60). — Gegen eine Herkunft des Barn aus Alexandria spricht
auch, daß Barnabas und seiner Schule keine vollständige LXX zur Verfügung stand
(vgl. o. Anm. 114 zu Teil A).

solchen Abhängigkeit noch aus[59]. Meint man aber mit „alexandrinisch"
nichts anderes als „allegorisch", so ist festzuhalten, daß die allegorische
Auslegung keineswegs auf Alexandria beschränkt war.

Ad 3: Dieses Argument überzeugt deshalb nicht, weil Barnabas am
Ende von 9, 6 noch hinzufügt: „Aber auch die Ägypter sind in der
Beschneidung". Das trifft jedoch für die hellenistische Zeit nicht mehr
zu. Es scheint also, daß Barnabas und seine Vorgänger das, was sie
über Beschneidung übende Völker wußten, generalisiert haben[60]. Ein
Beweis für alexandrinische Herkunft des Briefes ist aus 9, 6 nicht zu
gewinnen; die falsche Angabe des Barnabas schließt sie im Gegenteil
aus[61].

Nach den bisher vorgebrachten Argumenten muß die Debatte um
den Entstehungsort des Barn mit einem non liquet enden[62]. Doch
scheint mir das eigentümliche Schriftverständnis, wie es sich im Barn
zeigt, einen Anhaltspunkt zu bieten, von dem aus man weiterkommen
kann. Denn eben dieses Schriftverständnis begegnet uns noch ein
einziges Mal in der auf uns gekommenen Literatur des Urchristentums.
In IgnPhld 8, 2 bezieht sich Ignatius auf eine Diskussion, die er bei
seinem Aufenthalt in Philadelphia mit „gewissen Leuten" geführt hat.
Sie widersprachen ihm mit der These: ἐὰν μὴ ἐν τοῖς ἀρχείοις εὕρω, ἐν

---

[59] Nach Siegfried (330—332) hat besonders Heinisch den Versuch eines solchen Nachweises unternommen; er vertritt die These, Barnabas habe Philos Schriften gekannt
und sei von ihm abhängig (36). Seine Argumentation überzeugt jedoch nicht. Um
direkte Abhängigkeit zu erweisen (262), ist die Stelle Barn 10, 11 eine zu naheliegende
Erklärung — jedenfalls in der mit Philo übereinstimmenden Aussage —, und sie
steht auch vereinzelt da. In dem ganzen langen 2. Hauptteil seines Buches (125—290)
kann Heinisch zwar ständig die Nähe von Philo und Clemens und gelegentlich auch
von Philo und Justin erweisen, aber für den Barn findet sich außer der genannten
keine weitere Parallele von Bedeutung. Was die Verwendung philonischer Auslegungsregeln betrifft, so ist zu konstatieren, daß Heinisch zu einer ganzen Reihe keine Belege im Barn anzugeben vermag, und bei einigen anderen führt er zu Unrecht Barn-
Stellen an, so auf S. 71. 75. 84. 114. Bezeichnend ist, daß auf S. 100—102 recht
zusammenhanglos in der auf Philo ausgerichteten Gliederung über die Typik bei
Barnabas gehandelt wird, wobei man den Bezug zu Philo vergeblich sucht. Barnabas
folgt keiner bestimmten Methode, seine Auslegung ist allein von seinem theologischen
Ansatz her bestimmt. — Zu Philos Auslegung vgl. jetzt das Buch von I. Christiansen.
[60] Zum Verhältnis der Aussagen anderer Quellen zu Barn 9, 6 vgl. Windisch 354f.
[61] Neuerdings hat Prigent für Syrien als Entstehungsgebiet des Barn votiert (219).
Dagegen vgl. Barnard, Testimonies 134, Judaism 46 Anm. 2, und vor allem Stegemann 150. Außer den dort gebrachten Argumenten spricht gegen eine Herkunft aus
Syrien, daß dort unter dem Namen des Barnabas nur die Zwei-Wege-Lehre nach
Barn 18—20 bekannt gewesen zu sein scheint (vgl. Baumstark 235—238).
[62] So z. B. Lietzmann 233.

τῷ εὐαγγελίῳ οὐ πιστεύω: ,,Wenn ich es nicht in den Urkunden finde, als Bestandteil nur des Evangeliums glaube ich es nicht"[63]. Wie das dieser These zunächst entgegengestellte, von Ignatius behauptete γέγραπται in 8, 2 und die Gegenüberstellung von den Priestern und dem Hohenpriester Jesus, von Propheten und Evangelium in c 9 zeigen, kann es sich bei den ,,Urkunden" nur um alttestamentliche Schriften handeln[64], während das ,,Evangelium" die christliche Heilsverkündigung meint; daß Ignatius oder seine Gegner darunter schon ein Buch verstehen, läßt sich nicht wahrscheinlich machen[65]. Dann aber besagt die These der philadelphischen Gegner des Ignatius nichts anderes als das, was sich uns auch als Grundsatz des Barnabas und seiner Schule ergeben hatte: Die ,,Schrift" ist die alles entscheidende Autorität; was christlicherseits gesagt wird, muß sich an ihr ausweisen; nur das hat Anspruch auf Geltung, was in ihr nachgewiesen werden kann[66]. Dem stellt Ignatius in 8, 2 thetisch entgegen: ,,Für mich aber sind Urkunden Jesus Christus, die heiligen Urkunden sind sein Kreuz und Tod und seine Auferstehung und der durch ihn bewirkte Glaube." Für ihn liegt die Dominanz also nicht bei der Schrift, sondern bei den grundlegenden christlichen Heilsdaten, von denen her die Schrift relativiert wird. Diese Auseinandersetzung bestimmt weitgehend die paränetischen und lehrhaften Ausführungen des Phld: In 9, 1 behauptet Ignatius die Überlegenheit des Hohenpriesters Jesus über ,,die Priester"; er ist der entscheidende Bezugspunkt für ,,Abraham, Isaak, Jakob, die Propheten, die Apostel und die Kirche", denn durch ihn als ,,die Tür zum Vater" gehen sie alle ,,in die Einheit Gottes" ein. Indem das Evangelium Ankunft, Leiden und Auferstehung Jesu enthält, hat es gegenüber den Propheten ,,etwas Besonderes" (9, 2); gewiß, diese ,,haben auf ihn hin verkündigt, aber das Evangelium ist die unvergängliche Vollendung" (9, 2). Die Formulierung dieser Gegenüberstellung zeigt, daß der erste Satz Ignatius und seinen Gegnern gemeinsam ist. Als Christen waren sie natürlich der Überzeugung, daß die Verkündigung der Propheten auf Jesus gerichtet war; aber sie

---

[63] Zu Text und Übersetzung vgl. Bauer, Briefe 260f.

[64] Von Campenhausen, Das Alte Testament 163 mit Anm. 51, Entstehung 87 Anm. 59; Molland 4f. — Dagegen — schwerlich zu Recht — Klevinghaus (98—101), der mit Schlier (109 Anm. 2) vermutet, ἀρχεῖα bezeichne ,,Offenbarungsbücher", in denen er dann näherhin ,,jüdisch-gnostische Evangelienliteratur" erblickt.

[65] Vgl. Bauer, Briefe 258. 261, und besonders Köster 6—10.

[66] Vgl. Bauer zu Phld 8, 2: ,,Darin liegt die Überzeugung ausgesprochen, daß die gesamte christliche Heilsverkündigung schon in der Schrift enthalten ist, an der sich alles, was als Evangelium auftritt, zu bewähren hat" (Briefe 261).

bestritten, daß das „Evangelium" darüberhinaus „etwas Besonderes"
sei, während es Ignatius als normativen Bezugspunkt hinstellt.

Daß die Ausrichtung der prophetischen Verkündigung auf Jesus
eine Ignatius und seinen Widersachern gemeinsame Überzeugung ist,
zeigt sich auch in 5, 2. Nach der Aussage in 5, 1, daß er seine Zuflucht
zum Evangelium und den Aposteln genommen hat, fährt Ignatius
fort: „Aber auch die Propheten lieben wir[67], weil auch sie auf das
Evangelium hin verkündigt haben und auf ihn hoffen und ihn erwarten." Was veranlaßt ihn, jetzt über die Propheten zu sprechen? Dieses
Thema ist ihm durch die Auseinandersetzung in Philadelphia vorgegeben; darauf weist auch der Anschluß des Satzes mit καὶ … δέ, der
zugleich deutlich macht, daß Ignatius hier gemeinsam Anerkanntes
formuliert. Ein gewisser apologetischer Zug ist unverkennbar: Natürlich erkennt auch er die Propheten an, aber nur insoweit, wie er es 5, 2
ausführt. In 6, 1 folgt dann die Einschränkung, die Abgrenzung gegenüber den Gegnern: „Wenn euch aber jemand Judentum vorträgt, hört
ihn nicht an!" Was ist hier mit „Judentum" gemeint? Die Einhaltung
jüdischer Gesetzesvorschriften und Bräuche scheidet aus; denn einmal bestünde kein Zusammenhang mit dem Vorangehenden, und zum
anderen sagt Ignatius im folgenden zur Erläuterung, daß „es besser
ist, von einem Beschnittenen Christentum zu hören als von einem Un-
beschnittenen Judentum". Das von ihm hier abgelehnte Judentum
kann also — und das scheint dann wohl in Philadelphia der Fall gewesen zu sein — von solchen Leuten vertreten werden, die das wichtigste jüdische Kennzeichen, die Beschneidung, nicht haben und sie
dann auch nicht gut gefordert haben können. Es hat daher auch keinen
Sinn, diese Leute mit dem Etikett „judaistisch" zu versehen. Betrachtet man 6, 1 im Zusammenhang mit 5, 2 und bedenkt die Ausführungen von cc 8 f, so kann der Begriff „Judentum" im Sinne des Ignatius
hier nur eine Überschätzung der Propheten, eine Absolutsetzung der
„Schrift" bedeuten. Die Schrift unter der Voraussetzung auszulegen,
daß sie selbst die entscheidende Norm ist, das nennt Ignatius „Judentum vortragen"[68]. Diese Auslegungen sind es, vor denen er in 6, 2 als

---

[67] Ist erkannt, daß Ignatius auch hier im Blick auf seine Gegner spricht, muß ἀγαπῶμεν
indikativisch übersetzt werden.

[68] Molland hat nachgewiesen, daß Ignatius nicht gegen eine judaistische Front solcher
Art kämpft, wie sie Paulus entgegenstand (2—4); auch er sieht, daß das „Judentum"
der Gegner in ihrer Schriftbenutzung bestand (4). Doch erkennt er nicht deren Grundsätzlichkeit, wenn er das „Judentum" speziell darin erblickt, daß die Gegner, die er
für Doketen hält, ihre Christologie in der Schrift begründeten (4), und wenn er der
Gegnerthese in Phld 8, 2 ihre Schärfe nimmt (5 f). — Daß die Gegner Doketen waren,
ist im Phld durch nichts angezeigt.

„bösen Künsten" (κακοτεχνίαι) und Nachstellungen des Teufels selbst und in 2, 1 als „falschen Lehren" (κακοδιδασκαλίαι) zu fliehen mahnt. Daß er zum „Fliehen" und Nicht-Hinhören (6, 1) auffordert, macht wohl deutlich, daß die Gegner es verstanden, ihre Auslegungen mit Überzeugungskraft vorzutragen, daß sie gute Disputierer waren. So stellten sie nach 8, 2 dem γέγραπται des Ignatius ihr „Das ist gerade die Frage!" entgegen, worauf Ignatius es vorzieht, die gemeinsame Argumentationsbasis zu verlassen und sich auf einen diese relativierenden Standpunkt zu stellen.

Daß die Gegner der Kraft ihrer Argumente vertrauten, geht auch aus 6, 3 hervor, wenn wir diese Stelle so verstehen dürfen, wie W. Bauer es tut: Hier dankt Ignatius Gott dafür, daß er ein gutes Gewissen habe und niemand sich rühmen könne, er habe irgendjemanden „beschwert". „Offenbar ist der Vorwurf gegen Ign. laut geworden, er hätte seine außerordentliche Stellung und sein moralisches Übergewicht dazu mißbraucht, seine Anschauungen der Gemeinde aufzuzwingen. Auf solche Mittel zu verzichten, rühmen sich die Gegner" (Briefe 259).

Als Gegner des Ignatius in Philadelphia werden also Leute greifbar, die die Schrift als einzige Norm anerkennen: Alle christlichen Aussagen müssen Schriftauslegung sein. Daß es sich bei ihnen um „Judaisten" handelt, die die Befolgung jüdischer Gebräuche forderten, ist durch nichts angezeigt, in bezug auf die Beschneidung ausgeschlossen.

Es ist hier nicht der Ort, über die Gegner in allen Ignatiusbriefen zu handeln. Doch soviel kann gesagt werden: Von einer doketischen Front, wie sie Ignatius offensichtlich in den Briefen nach Ephesus, Tralles und Smyrna angreift, ist im Phld aber auch gar nichts zu spüren. Wäre der Doketismus in Philadelphia eine wirklich vorhandene Gefahr gewesen, müßte das Schweigen des Ignatius darüber sehr verwundern, da er doch selbst dort war. Es scheint mir daher nötig zu sein, zwei verschiedene Fronten in den Ignatiusbriefen anzunehmen. — Ein besonderes Problem bildet dann der Magn; Ignatius stellt jedoch seine cc 8—10 gegebenen Mahnungen in 11, 1 als prophylaktisch hin, er weiß nichts davon, „daß einige von euch sich so verhalten". Könnte es daher nicht sein, daß er in seinen Warnungen im Magn verschiedenes, in anderen Gemeinden (Philadelphia und Smyrna) als bedrohlich Kennengelerntes zusammenträgt, so daß es uns nicht erlaubt ist, alle Züge zu einem einheitlichen Gegnerbild zu vereinigen ? Wie dem auch sei, es scheint mir jedenfalls angesichts dieser Lage legitim zu sein, den Phld isoliert zu betrachten.

Da die philadelphischen Gegner des Ignatius dieselbe — seltene — theologische Grundeinstellung haben wie Barnabas und kein Anzeichen vorliegt, daß sie daraus wesentlich andere Folgerungen gezogen haben als dieser, liegt es nahe, zwischen beiden auch eine historische Beziehung anzunehmen. Nun liegen aber zwischen der Abfassung des Phld und der des Barn ungefähr 20 Jahre. Dieser Tatbestand steht jedoch der Annahme einer historischen Beziehung zwischen jenen philadelphischen Christen und Barnabas nicht entgegen, da Barnabas

in seinem Brief ja vornehmlich ältere Schultradition anführt, deren
theologischer Standort mit dem seinen übereinstimmt. Nun muß diese
Schule nicht notwendig ihren Sitz in Philadelphia gehabt haben; aber
es scheint mir doch wahrscheinlich zu sein, daß Barnabas und seine
Schule im westlichen Kleinasien zu lokalisieren sind.

Der Phld zeigt eine Gemeindesituation, in die der Barn als Propagandaschreiben gut hineinpassen würde. Es gab in Philadelphia zu
der Zeit, da Ignatius die Gemeinde besuchte, einen μερισμός τινων
(7, 2)[69]. Doch diese Spaltung ist von solcher Art, daß Ignatius sie zunächst gar nicht bemerkt[70], selbst in der Gemeindeversammlung noch
nichts davon weiß (7, 1f). Deshalb wirft er seinen Gegnern vor, sie
hätten ihn täuschen wollen (7, 1). Doch haben offensichtlich auch die
nach seiner Meinung rechtgläubigen Gemeindeglieder es nicht für
nötig gehalten, ihm von der Spaltung sogleich Mitteilung zu machen.
Daraus aber ist zu folgern, daß diese Spaltung die Gemeinde nicht in
zwei verfeindete Lager getrennt hat, die ihre je eigene Organisation
haben und sich exklusiv gegenüberstehen, sondern innerhalb der einen
Gemeinde gibt es rivalisierende Gruppen, die noch gemeinsame Ver-
sammlungen abhalten, in denen sie wohl auch ihre theologischen Mei-
nungsverschiedenheiten austragen; so hat ja auch Ignatius mit seinen
Gegnern diskutiert (8, 2). Die Mahnungen seines Briefes zeigen, daß
er nicht den Eindruck gewonnen hat, sein Besuch habe diese Situation
wesentlich verändert. Wir haben keinen Grund zu der Annahme, sein
Brief habe bewirkt, was sein persönliches Auftreten nicht vermochte.
Wenn wir eine solche Situation in kleinasiatischen Gemeinden auch
noch zur Zeit des Barn voraussetzen dürfen, wird sein Charakter als
Propagandaschreiben auch von den erwarteten Adressaten her verständlich.

---

[69] 3, 1 nennt Ignatius diese Spaltung eine Läuterung. Die Tatsache der Spaltung ergibt sich auch aus 2, 1; 3, 3; 8, 1; 11, 1.
[70] Vgl. dazu auch Bartsch 15f.

Schluß

Mit den Gegnern des Ignatius im Philadelphierbrief und mit dem hinter dem Barnabasbrief stehenden Schulbetrieb zeigt sich uns im westlichen Kleinasien im ersten Drittel des zweiten Jahrhunderts eine Gruppe innerhalb des Urchristentums, die sich durch eine besonders eigenartige, sonst nicht mehr begegnende theologische Grundposition auszeichnet. Hier gilt die „Schrift" als alleinige Norm. Alles, was sie sagt, hat unbedingt gültige Bedeutung, und diese Bedeutung hat es schon immer in derselben Weise gehabt. Die Geltung der Schrift ist zeitlos; es gibt in bezug auf sie keine unterschiedenen, von Jesus her verschieden qualifizierten Zeiten. Die Normativität der Schrift wird durch Jesus nicht relativiert; vielmehr muß alles, was christlicherseits gesagt wird, durch die Schrift als legitime Aussage ausgewiesen werden.

Wie ist die Entstehung einer christlichen Gruppe mit solchen Anschauungen denkbar? Folgende Möglichkeit bietet sich an: Die Argumentation der christlichen Mission mit der Schrift, die die entscheidenden Daten der Verkündigung als vorausoffenbart und damit als dem Willen Gottes entsprechend erwies, muß bestimmte Leute überzeugt haben, die daraufhin Christen wurden. Diese verstanden dann zwar die Schrift unter christlicher Voraussetzung, ließen sie aber als absolute Norm gelten und relativierten sie nicht von ihren neuen christlichen Erkenntnissen her. Das ist am ehesten verständlich, wenn es sich bei ihnen um ehemalige Juden oder Proselyten handelt; so weisen ja auch die in Barn 7f verwendeten Traditionen auf einen Ursprung der Gruppe im Judentum hin. Da sie die Schrift geschichtslos als zeitlos gültige Wahrheit verstehen, waren sie wahrscheinlich Hellenisten. Neben der Voraussetzung, daß die Schrift absolute Norm ist, behielten sie auch als Christen eine weitere dem Judentum entstammende bei, daß nämlich das Gesetz als Heilsweg zu gelten hat.

Ist also die Herkunft der sich im Barnabasbrief und in Phld 8, 2 zeigenden Gruppe letztlich aus dem Judentum zu vermuten, so scheint sie doch in der Zeit, da sie für uns greifbar wird, nicht mehr aus ehemaligen Juden bestanden zu haben; denn Barnabas ist kein geborener Jude gewesen, und die Gegner des Ignatius in Philadelphia waren „Unbeschnittene". Der Sache nach aber, d. h. ihrem theologischen Denken nach, ist diese Gruppe im Grunde jüdisch geblieben. Wenn

Ignatius Phld 6, 1 ihre Aussagen als „Judentum" bezeichnet, so ist das eine zwar überspitzte, aber durchaus zutreffende Charakterisierung.

Die von dieser Gruppe vertretene Richtung hat innerhalb der Geschichte des Urchristentums nur eine Episode gebildet. Das lag sicherlich nicht an ihrer gesetzlichen Grundhaltung. Aber gegenüber der Nivellierung Jesu in einem geschichtslosen Schriftverständnis und angesichts dessen, daß das darauf aufgebaute Gedankengebäude sich notwendig komplizierte, je mehr Schrifttexte in den Blick genommen wurden, mußte eine heilsgeschichtliche Betrachtung, die in irgendeiner Weise von Jesus her die Zeiten unterschied, auf die Dauer als einleuchtender erscheinen.

LITERATURVERZEICHNIS

ALTANER, Berthold/STUIBER, Alfred, Patrologie. Leben, Schriften und Lehre der Kirchenväter, Freiburg 1966[7].
ALTANER, Berthold, Zum Problem der lateinischen Doctrina Apostolorum: VigChr 6, 1952, 160—167; wiederabgedr. als „Die lateinische Doctrina Apostolorum und die griech. Grundschrift der Didache", in: Kleine Patristische Schriften, Berlin 1967 = TU 83, 335—342.
ANDRY, Carl Franklin, „BARNABAE EPIST. VER. DCCCL": JBL 70, 1951, 233—238.
ARNOLD, Karl Franklin, Quaestionum de compositione et fontibus Barnabae epistolae capita nonnulla, Diss. Regimontis 1886.
AUDET, Jean-Paul, L'hypothese des testimonia. Remarques autour d'un livre récent: RB 70, 1963, 381—405.

BALTZER, Klaus, Das Bundesformular: WMANT 4, Neukirchen 1960.
BAMMEL, Ernst, Schema und Vorlage von Did 16: Studia Patristica IV/2 = TU 79, Berlin 1961, 253—262.
BARDENHEWER, Otto, Geschichte der altkirchlichen Literatur I, Freiburg 1913[2].
BARNARD, Leslie William, Barnabas 1, 8: The Expository Times 69, 1957/58, 239.
—, The Epistle of Barnabas and the Tannaitic Catechism: AThR 41, 1959, 177—190.
—, The Date of the Epistle of Barnabas — A Document of Early Egyptian Christianity: JEA 44, 1958, 101—107.
—, The Day of the Resurrection and Ascension of Christ in the Epistle of Barnabas: RBén 78, 1968, 106f.
—, The Dead Sea Scrolls, Barnabas, the Didache and the later History of the 'Two Ways': SJTh 13, 1960, 45—59 (= Studies in the Apostolic Fathers and their Background, Oxford 1966, 87—106).
—, Some Folklore Elements in an Early Christian Epistle: Folklore 70, 1959, 433—439.
—, Judaism in Egypt A.D. 70—135: Studies in the Apostolic Fathers and their Background, Oxford 1966, 41—55.
—, The NT and the Origins of Christianity in Egypt: Studia Evangelica IV/1 = TU 102, Berlin 1968, 277—280.
—, A Note on Barnabas 6, 8-17: Studia Patristica IV/2 = TU 79, Berlin 1961, 263—267.
—, Is the Epistle of Barnabas a Paschal Homily?: VigChr 15, 1961, 8—22 (= Studies etc. 73—85).
—, The Problem of the Epistle of Barnabas: ChQR 159, 1958, 211—230.
—, St. Stephen and Early Alexandrian Christianity: NTS 7, 1960, 31—45 (= Studies etc. 57—72).
—, The Use of Testimonies in the Early Church and in the Epistle of Barnabas: Studies in the Apostolic Fathers and their Background, Oxford 1966, 109—135.
BARTSCH, Hans-Werner, Gnostisches Gut und Gemeindetradition bei Ignatius von Antiochien: BFChTh 2. Reihe 44, Gütersloh 1940.
BAUER, Walter, Die Briefe des Ignatius von Antiochia und der Polykarpbrief: HNT Ergänzungsband. Die Apostolischen Väter II, Tübingen 1920.

Baumstark, Anton, Der Barnabasbrief bei den Syrern: OrChr NS 2, 1912, 235—240.

Behm, Johannes, Der Begriff ΔIAΘHKH im Neuen Testament, Leipzig 1912.

Benoit, André, Le baptême chrétien au second siècle. La théologie des pères: Etudes d'histoire et de philosophie religieuses de l'université de Strasbourg 43, Paris 1953.

Bietenhard, Hans, Die Freiheitskriege der Juden unter den Kaisern Trajan und Hadrian und der messianische Tempelbau: Judaica 4, 1948, 57—77. 81—108. 161—185.

Bousset, Wilhelm, Kyrios Christos. Geschichte des Christusglaubens von den Anfängen des Christentums bis Irenäus, Göttingen 1965⁵ (= 1921²).

—/Gressmann, Hugo, Die Religion des Judentums im späthellenistischen Zeitalter: HNT 21, Tübingen 1926³.

—, Jüdisch-christlicher Schulbetrieb in Alexandria und Rom. Literarische Untersuchungen zu Philo und Clemens von Alexandria, Justin und Irenäus: FRLANT NF 6, Göttingen 1915.

Braun, F. M., La ‚lettre de Barnabé' et l'évangile de Saint Jean (Simples reflexions): NTS 4, 1957/58, 119—124.

Bultmann, Rudolf, Art. γινώσκω κτλ.: ThW I, Stuttgart 1933, 688—719.

—, Theologie des Neuen Testaments, Tübingen 1961⁴.

—, Ursprung und Sinn der Typologie als hermeneutischer Methode: ThLZ 75, 1950, 205—212.

Burkitt, F. C., Barnabas and the Didache: JThS 33, 1932, 25—27.

Cadbury, Henry J., The Epistle of Barnabas and the Didache: JQR 26, 1935/36, 403—405.

Campenhausen, Hans Freiherr von, Die Entstehung der christlichen Bibel: BHTh 39, Tübingen 1968.

—, Das Alte Testament als Bibel der Kirche vom Ausgang des Urchristentums bis zur Entstehung des Neuen Testaments: Aus der Frühzeit des Christentums. Studien zur Kirchengeschichte des ersten und zweiten Jahrhunderts, Tübingen 1963, 152—196.

Christiansen, Irmgard, Die Technik der allegorischen Auslegungswissenschaft bei Philon von Alexandrien: Beiträge zur Geschichte der biblischen Hermeneutik 7, Tübingen 1969.

Connolly, R. H., Barnabas and the Didache: JThS 38, 1937, 165—167.

—, Canon Streeter on the Didache: JThS 38, 1937, 364—379.

—, The Didache in Relation to the Epistle of Barnabas: JThS 33, 1932, 237—253.

Creed, J. M., The Didache: JThS 39, 1938, 370—387.

Dahl, N. A., La terre où coulent le lait et le miel selon Barnabé 6, 8-19: Aux sources de la tradition chrétienne. Melanges offerts à M. Maurice Goguel, Neuchâtel/Paris 1950, 62—70.

Daniélou, Jean, Un testimonium sur la vigne dans Barnabé 12, 1: RechSR 50, 1962, 389—399.

Flesseman-van Leer, Ellen, Tradition and Scripture in the Early Church, Assen o. J. (= Diss. Leiden 1953).

Fitzmyer, Joseph A., "4 Q Testimonia" and the New Testament: ThSt 18, 1957, 513—537.

Funk, Franz Xaver, Der Barnabasbrief, eine Schrift vom Ende des ersten Jahrhunderts: ThQ 66, 1884, 3—33.

FUNK, Franz Xaver, Der Codex Vaticanus gr. 859 und seine Descendenten: ThQ 62, 1880, 629—637.
—, Die Doctrina apostolorum: ThQ 66, 1884, 381—402.
—, Die Zeit des Barnabasbriefes: Kirchengeschichtliche Abhandlungen und Untersuchungen II, Paderborn 1899, 77—108.

GOODSPEED, Edgar J., The Didache, Barnabas and the Doctrina: AThR 27, 1945, 228—247.
GOPPELT, Leonhard, Christentum und Judentum im ersten und zweiten Jahrhundert. Ein Aufriß der Urgeschichte der Kirche: BFChTh II, 55, Gütersloh 1954.
—, Typos. Die typologische Deutung des Alten Testaments im Neuen: BFChTh II, 43, Gütersloh 1939.
—, Art. τύπος κτλ.: ThW VIII, Stuttgart 1969, 246—260.
GÜDEMANN, Moritz, Religionsgeschichtliche Studien, Leipzig 1876.

HAEUSER, Philipp, Der Barnabasbrief, neu untersucht und neu erklärt: FChLDG 11/2, Paderborn 1912.
HARNACK, Adolf, Die Apostellehre und die jüdischen zwei Wege, Leipzig 1896[2].
—, Art. Barnabas: RE[3] II, 1897, 410—413.
—, Geschichte der altchristlichen Literatur bis Eusebius. I/1 (1893[1]); II/1 (1897[1]), Leipzig 1958[2].
HEER, Joseph Michael, Die versio latina des Barnabasbriefes und ihr Verhältnis zur altlateinischen Bibel, Freiburg 1908.
—, Der lateinische Barnabasbrief und die Bibel: RQ 23, 1909, 215—245.
HEFELE, Carl Joseph, Das Sendschreiben des Apostels Barnabas aufs Neue untersucht, übersetzt und erklärt, Tübingen 1840.
HEINISCH, Paul, Der Einfluß Philos auf die älteste christliche Exegese (Barnabas, Justin und Clemens von Alexandria). Ein Beitrag zur Geschichte der allegorisch-mystischen Schriftauslegung im christlichen Altertum: ATA 1/2, Münster 1908.
HERMANS, Albert, Le Pseudo-Barnabé est-il millénariste?: EThL 35, 1959, 849—876.
D'HERBIGNY, Michel, La date de l'épître de Barnabé: RechSR 1, 1910, 417—443. 540—566.
—, Nouvelles études sur l'épître de Barnabé: RechSR 4, 1913, 402—408.
HEYDECKE, Carolus, Dissertatio qua Barnabae epistola interpolata demonstretur, Braunschweig 1875.
HOENNICKE, Gustav, Das Judenchristentum im ersten und zweiten Jahrhundert, Berlin 1908.
HOLTZMANN, Heinrich, Die Didache und ihre Nebenformen: JpTh 11, 1885, 154—166.
HOMMES, Nicolaas Jan, Het Testimoniaboek. Studiën over O.T. Citaten in het N.T. en bij de Patres, met critische Beschouwingen over de Theoreën van J. Rendel Harris en D. Plooy, Amsterdam 1935.

JORDAN, Hermann, Geschichte der altchristlichen Literatur, Leipzig 1911.

KITTEL, Gerhard, Der Jakobusbrief und die Apostolischen Väter: ZNW 43, 1950/51, 54—112.
KLEIST, James A., The Didache, the Epistle of Barnabas, the Epistles and the Martyrdom of St. Polycarp, the Fragments of Papias, the Epistle to Diognetus, newly translated and annotated: Ancient Christian Writers 6, Westminster/Maryland 1948.

KLEVINGHAUS, Johannes, Die theologische Stellung der Apostolischen Väter zur alttestamentlichen Offenbarung: BFChTh 44/1, Gütersloh 1948.

KNOPF, Rudolf, Die Lehre der zwölf Apostel. Die zwei Clemensbriefe: Apostolische Väter I, HNT Ergänzungsband, Tübingen 1920.

—/LIETZMANN, Hans/WEINEL, Heinrich, Einführung in das Neue Testament. Bibelkunde des Neuen Testaments. Geschichte und Religion des Urchristentums, Berlin 1949⁵.

—, Das nachapostolische Zeitalter. Geschichte der christlichen Gemeinden vom Beginn der Flavierdynastie bis zum Ende Hadrians, Tübingen 1905.

KÖSTER, Helmut, Synoptische Überlieferung bei den Apostolischen Vätern: TU 65, Berlin 1957.

KRAFT, Robert A., Barnabas' Isaiah Text and Melito's Paschal Homily: JBL 80, 1961, 371—373.

—, Barnabas' Isaiah Text and the "Testimony Book" Hypothesis: JBL 79, 1960, 336—350.

—, An unnoticed Papyrus Fragment of Barnabas: VigChr 21, 1967, 150—163.

—, Rez. Les Testimonia dans le christianism primitif: l'Épître de Barnabé I—XVI et ses sources. By Pierre Prigent, Paris 1961: JThS NS 13, 1962, 401—408.

KRETSCHMAR, Georg, Ein Beitrag zur Frage nach dem Ursprung frühchristlicher Askese: ZThK 61, 1964, 27—67.

KRÜGER, Gustav, Geschichte der altchristlichen Litteratur in den ersten drei Jahrhunderten, Freiburg 1898².

KURFESS, Alfons, Sibyllinische Weissagungen. Urtext und Übersetzung, 1951.

LADEUZE, P., L'épitre de Barnabé. La date de sa composition et son caractère général: RHE 1, 1900, 31—40. 212—225.

LAYTON, B., The Sources, Date and Transmission of Didache 1, 3b—2, 1: HThR 61, 1968, 343—383.

LIETZMANN, Hans, Geschichte der Alten Kirche I. Die Anfänge, Berlin 1961⁴.

LIGHTFOOT, J. B., The Apostolic Fathers I. S. Clement of Rome II, London 1890.

LIPSIUS, Art. Barnabasbrief: Bibel-Lexikon (Schenkel) I, Leipzig 1869, 363—373.

LOHMANN, Theodor, Das Bild vom Menschen bei den apostolischen Vätern. 1. Klemensbrief — Barnabasbrief — Ignatianen: WZ Jena 8, 1958/59, 71—79.

LOWY, S., The Confutation of Judaism in the Epistle of Barnabas: JJS 11, 1960, 1—33.

MEINHOLD, Peter, Geschichte und Exegese im Barnabasbrief: ZKG 59, 1940, 255—303.

MICHEL, Otto, Paulus und seine Bibel: BFChTh II, 18, Gütersloh 1929.

MOLLAND, Einar, The Heretics Combatted by Ignatius of Antioch: JEH 5, 1954, 1—6.

MÜLLER, J. G., Erklärung des Barnabasbriefes. Ein Anhang zu de Wette's exegetischem Handbuch zum Neuen Testament, Leipzig 1869.

MUILENBURG, James, The Literary Relations of the Epistle of Barnabas and the Teaching of the Twelve Apostles: Diss. Yale Universitie 1926, Marburg 1929.

NORDEN, Eduard, Agnostos Theos. Untersuchungen zur Formengeschichte religiöser Rede, Darmstadt 1956⁴ (= 1913¹).

NORMANN, Friedrich, Christus Didaskalos. Die Vorstellung von Christus als Lehrer in der christlichen Literatur des 1. und 2. Jahrhunderts: Münsterische Beiträge zur Theologie 32, Münster 1967.

NOTH, Martin, Geschichte Israels, Göttingen 1959⁴.

OEPKE, Albrecht, Das neue Gottesvolk, Gütersloh 1950.

OESTERREICHER, Johannes/THIEME, Karl, Um Kirche und Synagoge im Barnabasbrief. Ein offener Briefwechsel zwischen Johannes Oesterreicher und Karl Thieme: ZKTh 74, 1952, 63—70.

O'HAGAN, Angelo P., Material Re-Creation in the Apostolic Fathers: TU 100, Berlin 1968.

PFLEIDERER, Otto, Der Paulinismus. Ein Beitrag zur Geschichte der urchristlichen Theologie, Leipzig 1890².

POHLMANN, Hans, Art. Diatheke B II. Außerkanonische Literatur: RAC III, Stuttgart 1957, 987—990.

—, Art. Erbauung B II a 1. Barnabasbrief: RAC V, Stuttgart 1962, 1058 f.

POSCHMANN, Bernhard, Paenitentia secunda. Die kirchliche Buße im ältesten Christentum bis Cyprian und Origenes, Bonn 1940.

PRIGENT, Pierre, Les testimonia dans le christianism primitif. L'épître de Barnabé I—XVI et ses sources: Études bibliques, Paris 1961.

QUASTEN, Johannes, Patrology I. The Beginnings of Patristic Literature, Utrecht/ Brüssel 1950.

RENGSTORF, Karl Heinrich/VON KORTZFLEISCH, Siegfried (edd.), Kirche und Synagoge. Handbuch zur Geschichte von Christen und Juden. Darstellung mit Quellen, Band 1, Stuttgart 1968.

RESE, Martin, Alttestamentliche Motive in der Christologie des Lukas: Studien zum Neuen Testament 1, Gütersloh 1969.

RESCH, Alfred, Agrapha. Außercanonische Schriftfragmente, Darmstadt 1967 (= TU NF XV, 3/4, Leipzig 1906²).

ROBINSON, Joseph Armitage, The Epistle of Barnabas and the Didache, ed. with Preface by R. H. Connolly: JThS 35, 1934, 113—146. 225—248.

ROHDE, Joachim, Häresie und Schisma im ersten Clemensbrief und in den Ignatius-Briefen: NovTest 10, 1968, 217—233.

ROPES, James Hardy, Die Sprüche Jesu, die in den kanonischen Evangelien nicht überliefert sind. Eine kritische Bearoeitung des von D. Alfred Resch gesammelten Materials: TU XIV, 2, Leipzig 1896.

SCHENKEL, Daniel, Über den Brief des Barnabas. Ein kritischer Versuch: ThStKr 10, 1837, 652—686.

SCHILLE, Gottfried, Zur urchristlichen Tauflehre. Stilistische Beobachtungen am Barnabsbrief: ZNW 49, 1958, 31—52.

SCHLÄGER, G., Die Komposition des Barnabasbriefs: NThT 10, 1921, 264—273.

SCHLATTER, Adolf, Die Tage Trajans und Hadrians: Synagoge und Kirche bis zum Barkochba-Aufstand. Vier Studien zur Geschichte des Rabbinats und der jüdischen Christenheit in den ersten zwei Jahrhunderten. Kleinere Schriften von Adolf Schlatter 3, Stuttgart 1966.

SCHLIER, Heinrich, Religionsgeschichtliche Untersuchungen zu den Ignatiusbriefen: Gießen 1929.

SCHMID, Josef, Art. Barnabas IV. Barnabasbrief: RAC I, Stuttgart 1950, 1212—1217.

SCHOEPS, Hans Joachim, Theologie und Geschichte des Judenchristentums, Tübingen 1949.

SCHRENK, Gottlob, Art. γράφω κτλ.: ThW I, Stuttgart 1933, 742—773.

Schürer, Emil, Geschichte des jüdischen Volkes im Zeitalter Jesu Christi I, Leipzig 1901[3,4].

Schütz, Roland, Art. Barnabasbrief: RGG[3] I, Tübingen 1957, 880f.

Siegfried, Carl, Philo von Alexandria als Ausleger des Alten Testaments, Jena 1875.

Simon, Marcel, Verus Israel. Etude sur les relations entre chrétiens et juifs dans l'empire romain, Paris 1964[2].

Stegemann, Hartmut, Rez. Pierre Prigent: Les testimonia dans le christianism primitif. L'épître de Barnabé I—XVI et ses sources, Paris 1961: ZKG 73, 1962, 142—153.

Streeter, B. H., The much-belaboured Didache: JThS 37, 1936, 369—374.

Stummer, Friedrich, Art. Beschneidung: RAC II, Stuttgart 1954, 159—169.

Sundberg jr., Albert C., On Testimonies: NovTest 3, 1959, 268—281.

Thieme, Karl/Marsch, Wolf-Dieter, Christen und Juden. Ihr Gegenüber vom Apostel-konzil bis heute, Mainz/Göttingen 1961.

—, Kirche und Synagoge. Die ersten nachbiblischen Zeugnisse ihres Gegensatzes im Offenbarungsverständnis. Der Barnabasbrief und der Dialog Justins des Märty-rers, Olten 1945.

Torrance, Thomas F., The Doctrine of Grace in the Apostolic Fathers, Edinburgh 1948.

Ungern-Sternberg, Arthur Freiherr von: Der traditionelle alttestamentliche Schrift-beweis „de Christo" und „de evangelio" in der Alten Kirche bis zur Zeit Eusebs von Caesarea, Halle 1913.

Veil, Heinrich, Barnabasbrief: Neutestamentliche Apokryphen, ed. E. Hennecke, Tübingen 1904, 143—166.

—, Barnabasbrief: Handbuch zu den Neutestamentlichen Apokryphen, ed. E. Hen-necke, Tübingen 1904, 206—238.

—, Barnabasbrief: Neutestamentliche Apokryphen, ed. E. Hennecke, Tübingen 1924[2], 503—518.

Veldhuizen, Adrianus van, De Brief van Barnabas, Groningen 1901.

Vielhauer, Philipp, Paulus und das Alte Testament: Studien zur Geschichte und Theologie der Reformation. Festschrift für Ernst Bizer, Neukirchen 1969, 33—62.

Völter, Daniel, Der Barnabasbrief, neu untersucht: JpTh 14, 1888, 106—144.

—, Die apostolischen Väter neu untersucht. I. Teil. Clemens, Hermas, Barnabas, Leiden 1904.

Vokes, F. E., The Riddle of the Didache. Fact or Fiction, Heresy or Catholicism? London 1938.

Wehofer, Thomas M., Untersuchungen zur altchristlichen Epistolographie: SAW, phil.-hist. Classe, Bd. 143/17, Wien 1901.

Weiss, Johannes, Der Barnabasbrief kritisch untersucht, Berlin 1888.

Weizsäcker, Karl Heinrich von, Zur Kritik des Barnabasbriefes aus dem Codex Sinaiticus: Einladung zur akademischen Feier des Geburtsfestes Seiner Majestät des Königs Wilhelm von Württemberg den 27. September 1863, Tübingen 1863.

Wendland, Paul, Die hellenistisch-römische Kultur in ihren Beziehungen zu Juden-tum und Christentum. Die urchristlichen Literaturformen: HNT I, 2. und 3. Teil, Tübingen 1912[2,3].

Wenschkewitz, Hans, Die Spiritualisierung der Kultusbegriffe Tempel, Priester und Opfer im Neuen Testament: Angelos, Beiheft 4, Leipzig 1932.

WILLIAMS, A. Lukyn, The Date of the Epistle of Barnabas: JThS 34, 1933, 337—346.
—, Adversus Judaeos. A Bird's-Eye View of Christian Apologiae until the Renaissance, Cambridge 1935.

WINDISCH, Hans, Die Apostolischen Väter III. Der Barnabasbrief: HNT Ergänzungsband, Tübingen 1920, 299—413.

WOHLEB, Leo, Zur Versio Latina des Barnabasbriefes: Berliner philologische Wochenschrift 33, 1913, 1020—1024; 34, 1914, 573—575.

WREDE, William, Das literarische Rätsel des Hebräerbriefs. Mit einem Anhang über den literarischen Charakter des Barnabasbriefes: FRLANT 8, Göttingen 1906.

WUSTMANN, Georg, Die Heilsbedeutung Christi bei den apostolischen Vätern: BFChTh 9, 2/3. Gütersloh 1905.

STELLENREGISTER

(Auswahl)

Arbeiten zur Kirchengeschichte

Begründet von KARL HOLL† und HANS LIETZMANN†, herausgegeben von KURT ALAND, WALTHER ELTESTER und HANNS RÜCKERT. Groß-Oktav.

Eine Auswahl lieferbarer Bände

Walter de Gruyter · Berlin · New York

PATRISTISCHE TEXTE UND STUDIEN

Im Auftrag der Patristischen Kommission der Akademien der Wissenschaften zu Göttingen, Heidelberg, München und der Akademie der Wissenschaften und der Literatur zu Mainz herausgegeben von K. ALAND und W. SCHNEEMELCHER

Groß-Oktav. Ganzleinen

Walter de Gruyter · Berlin · New York

Franz Altheim und Ruth Stiehl

Christentum am Roten Meer

5 Bände

Band I
Mit Beiträgen von A. Jamme, M. Krause, R. Macuch, P. Nagel, O. Rössler
und W. Wodke

Groß-Oktav. XVI, 670 Seiten. Mit 91 Abbildungen. 1971. Ganzleinen DM 290,—

Neuaufbau der Geschichte des koptischen, nubischen, äthiopischen, südarabischen Christentums und ihrer Literatur auf Grund bisher unbekannter oder mangelhaft bekannter Quellen.

Aus dem Inhalt: Neue lihyānische und ṣafā'itische Inschriften. — Das Ägyptische als semitische
Sprache. — Der älteste Bericht über die arabische Eroberung Ägyptens. — Gesamtaufbau der
Geschichte Aksūm's. — Alt-nubische Inschriften aus Faras und der Neuaufbau der Geschichte
des christlichen Nubien.

Hans Gerhard Kippenberg

Garizim und Synagoge
Traditionsgeschichtliche Untersuchungen
zur samaritanischen Religion der aramäischen Periode

Oktav. XIV, 374 Seiten. 1971. Ganzleinen DM 88,—
(Religionsgeschichtliche Versuche und Vorarbeiten. Band 30.
Herausgegeben von Walter Burkert und Carsten Colpe)

Erstmals wird versucht, eine Religionsgeschichte der samaritanischen Gemeinde zwischen
dem 2. Jahrhundert vor und dem 4. Jahrhundert nach Christus durch Auswertung antiker
Nachrichten und Analyse des aramäischen Schrifttums der Samaritaner zu schreiben.

Klaus Schippmann

Die iranischen Feuerheiligtümer

Oktav. XII, 555 Seiten. Mit 96 Abb., 1 Kartenbeilage, 3 Falttafeln. 1971.
Ganzleinen DM 148,—
(Religionsgeschichtliche Versuche und Vorarbeiten. Band 31.
Herausgegeben von Walter Burkert und Carsten Colpe)

Jedes durch Reiseberichte und Grabungen sowie durch Nachrichten antiker und islamischer
Schriftsteller bekanntgewordene Feuerheiligtum innerhalb Irans ist erfaßt. Jeder Bau wird
nach einem bestimmten Schema abgehandelt: I Ortsangabe; II Quellen; III Übersicht über
Reiseberichte und archäologische Untersuchungen; IV Stellungnahme des Verfassers.
Kritischer Überblick über Stand der Forschung sowie Auswertung des im Katalog vereinigten
Materials.

Walter de Gruyter · Berlin · New York